子ども理解と保育実践

子どもを知る・自分を知る

塚本美知子◆編著

近内愛子

永井妙子

東川則子

萌文書林

Houbunshorin

はじめに
（改訂版）

「保育の質向上を目指して」

2017（平成29年）年の幼稚園教育要領，保育所保育指針，幼保連携型認定こども園教育・保育要領の改訂（定）では，幼児教育において育みたい資質・能力として，「知識及び技能の基礎」「思考力・判断力・表現力等の基礎」「学びに向かう力，豊かな人間性等」が示された。この3つの資質・能力は，生きる力の基礎を育むために必要であり，小学校以降の教育と共通しているものである。

幼児教育における資質・能力を考えてみよう。「知識及び技能の基礎」は，豊かな体験を通じて，子どもが自ら感じたり気づいたり，わかったり，できるようになったりすることで，個別の知識・スキルといわれるものである。「思考力・判断力・表現力の基礎」は，気づいたことやできるようになったことを使い，考えたり，試したり，工夫したり，表現したりすることで，問題解決能力といわれるものである。得られた知識・技能をどう使うかが重要になる。「学びに向かう力，人間性等」は，心情・意欲・態度が育つなかで，よりよい生活を営もうとすることである。

幼児教育では，これらの資質・能力を，ねらい及び内容にもとづく活動全体によって育むとされていることから，日々繰り広げられる遊びや生活が一層充実したものであることが重要になる。一人ひとりの子どもが自己の力を発揮し，充実した園生活を送れるようにしなければならない。そのためには，温かな保育者に支えられながら、さまざまな環境にかかわり，発達に必要な経験を子ども自らが獲得していくことが必要である。保育者には，一人ひとりの子どもの気持ちをくみ取り，子どもが何を求め，何を実現しようとしているのかを探り，そこで経験している内容をとらえ，自己実現できるように援助することが求められる。この根底になくてはならないのが「子ども理解」である。子ども理解にもとづいた保育が展開されるなかで，子どもたちの遊びや生活は豊かになることだろう。子どもたちは主体的に活動に取り組み，自己肯定感をもち，そのなかで他者と協同して取り組む力などが育まれていくものと思われる。まさに保育の質向上につながるといえる。

●

今回の改訂では，時代の変化や要請を受けて，各章とも，今，必要な学びを修得できるように，データを入れ替えたり，内容の加除修正を行ったりした。保育の動向を踏まえ，最新の内容を盛り込むように努めた。幼児教育は，小学校教育だけを視野に入れて行うものではないが，子どもたちにとって次のステップとなる小学校との連携を考えることは重要である。連携のひとつである幼児指導要録（幼稚園の場合）・抄本の役割や内容についても、詳しく記述している。

●

この本の執筆者は，大学で保育に関する研究や学生の指導に当たっている教育者・研究者である。それぞれが，保育における子ども理解の重要性を強く認識している。皆さんには，この本の事例やデータを読み解きながら得た知識を，これまでに得た知識や経験と関連づけ，実践に生かしていただけることを願っている。保育現場で日々精進されている保育者の皆様におかれましても，子ども理解を一層深められ，それが保育の質向上の一助となれば幸甚の至りである。

本書の刊行にあたり，このような機会を与えてくださった萌文書林の服部直人氏，ならびに編集に多大なお力添えをくださった赤荻泰輔氏に心より御礼を申しあげる。

2018年 8 月

編著者　塚本美知子

はじめに

「保育者のひとことで子どもの行動が変わる」

これは，保育者や実習後の学生からよく聞かれる言葉である。この言葉から，保育者の言動によって子どもは健やかに育つこと，保育者の言動が子どもを方向づけること，子どもの成長を阻む恐れもあることなど，いくつかのことが想像できる。また，保育者の願いや，子どもの行為の意味の解釈の仕方によって，子どもへのかかわり方に違いが生じることも想像できる。子どもがいきいきと活動できればうれしいことだが，必ずしもそうとばかりいえない現実がうかがえ，この言葉の意味するところは，実に大きいといえる。

対象となる子どもや，そのときの状況などが異なるなかでの援助には当然違いがあるが，保育者の基本的な姿勢に違いがあってはならないと考える。子どもにとって重要なことは，保育者に理解されていることを実感でき，信頼関係が築かれ，発達に必要な経験を子ども自らが獲得していけるようにすることである。したがって，子ども一人ひとりを理解しようとする姿勢が，もっとも基本になる。

ところが，一般的に保育者のイメージとしては，子どもの世話をする人，子どもの前で話をしたり，歌を歌ったり，絵本の読み聞かせをしたりする人，というような認識をもたれることが少なくない。そして，保育者に求められる保育技術というと，音楽や絵画などの技術，クラスの子どもたちをまとめる技術などを想像する人も多い。それも大切だが，それだけでは子ども自身の伸びようとする芽は伸びないし，心身の発達を促すことはできない。子どもは，自己の内面，言葉に表現できない心の内を理解してくれる保育者に適切な援助を受けて，自分の力を発揮できるようになるのである。

このようなことから，子どもを知ること，これが保育の出発点といえるだろう。「子どもを知る」とは，子どもの内面を理解することで，保育者の専門性として重要なものである。保育者は，自身のかかわりが子どもの成長発達に影響すると知りながらも，実践上，困難な状況にぶつかる。ときに自己との葛藤も経験する。その原因のひとつに，依然として活動中心の保育が展開されている現状があるだろう。また，生きている子どもの理解そのものが，簡単なことではないということもあげられる。実際，子どもの言葉や行動の底にある気持ちは，見ようとしてみなければ見えない。保育者の子どもを見る目を深めることが保育の質の向上につながるのである。保育者は，子どもの行動やその背景にあるものに深い関心を寄せて保育をする必要がある。

一方，子どもは，常に保育者の言動を見ている。子どもは，保育者の自分へのかかわりだけでなく，自分以外の友だちや，その他もろもろの環境にかかわっている姿からも，人とのかかわりや生活の仕方などを学び，それを自分の行動に反映させていく。保育者は子どもを見ているつもりで，実は，子どもに見られている存在なのである。それを自覚し，常に自己研さんをし，成長していく自分でなければならない。

そのためには，保育者自身が「自分を知る」ことが大切になる。自分のよさを認識し，生かすことと同時に，自己の課題を見つめ，それに向けて努力する姿勢が求められる。自分を分析する力が欠けていると，思い込みで保育をしても気づかないことになる。子どもに学びながら自分の指導を振り返り，柔軟に変えていける保育者，子どもと共に伸びる保育者であってほしいものである。

子どもを理解することは，保育者自身のかかわりに目を向けることでもある。本書の執筆者は，保育は相互理解であり，保育者は子どもとともに育つ関係にあると考えている。そのような考えのもとに，本書のサブタイトルを「子どもを知る・自分を知る」とし，全７章で構成した。

●

第１章では，幼稚園・保育所の保育の基本と子ども理解（幼児理解）の重要性を述べている。子ども理解の重要性を認識できるよう，エピソードを交えながら説明している。「子どもに心を寄せる」「保育者の温かなまなざし」など，保育者の姿勢を学んでほしい。

第２章では，子どもの発達する姿を取りあげている。子どもが同じ活動（遊び）をし，大人には一見，同じように見えたとしても，子どもの経験している内容は子どもによって異なる。子どもにより近づき，適切な指導や援助につながるよう，発達の理解が必要になる。

第３章では，子どもを理解するための保育者の姿勢を述べている。子どもを理解するために，子どもの姿や行為をどのようにとらえて援助していけばよいのか，肯定的にみることや，長い目でみることなど，それぞれ，具体的な事例を通して説明している。

第４章では，子ども理解の方法として，５つの重要事項をまとめている。それぞれ，具体的な事例を交えながら説明しているので，それぞれの特徴を生かし，活用することで，子ども理解を深めていくことができる。

第５章では，子ども理解にもとづく保育者の援助を，遊び，生活，クラス全体の活動，障がい児とのかかわりに視点を当て，それぞれ具体的な事例を通して説明している。また，保育者の学び合いについては，保育カンファレンスの状況がイメージできるように保育者間の話し合いの様子を示している。

第６章では，保育における評価の意味や評価を行う必要性を取りあげている。幼稚園幼児指導要録などでは，法的根拠やその役割が理解できるように説明を加えた。小学校との連携については，子どもにとっての連続性を考慮し，その内容の理解ができるように説明している。

第７章では，子育ての支援や保育相談について取りあげている。親の置かれている現状や子育ての支援の必要性が理解できるよう，具体的な事例を交えて説明している。また，家庭との連携の基本的な姿勢，具体的な方法なども事例を交えて説明している。

本書の執筆者は，保育現場での豊かな経験をもち，子どもに学びながら，子どもと共に自身も成長してきたと自負している実践者・研究者である。本書が，保育者を目指す学生はもちろん，保育現場の保育者が，子ども理解の重要性を再認識し，力量を高めるためにも活用していただける内容になれば幸甚の至りである。

本書の刊行にあたり，このような機会を与えてくださった萌文書林の服部直人氏，ならびに編集に多大なお力添えをくださった赤荻泰輔氏，松本佳代氏に心より御礼を申し上げる。

2013年３月

編著者　塚本美知子

改訂 子ども理解と保育実践
――子どもを知る・自分を知る――

第3章 子どもを理解するための保育者の姿勢

第4章

子ども理解の方法

第5章
子ども理解にもとづく保育者の援助

第6章
子ども理解と評価

第7章
子育ての支援と保育相談

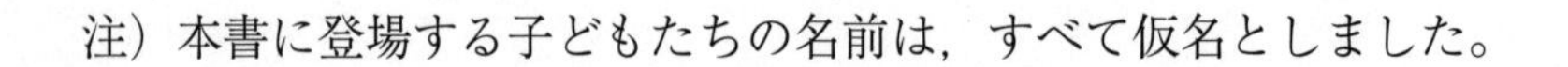
注）本書に登場する子どもたちの名前は，すべて仮名としました。

第 *1* 章

保育の基本と子ども理解

一人ひとりの子どもの言葉や行動には，いろいろな意味がある。それを理解することは保育の基本である。本章では，幼稚園・保育所・幼保連携型認定こども園の保育の基本と，子ども理解（幼児理解）の重要性について認識を深めよう。子ども理解では「子どもに心を寄せる」「保育者の温かなまなざし」などの保育者の姿勢から専門性についても追求する。個と集団の関係では，個が生かされる集団，温かな集団，集団のなかでの育ち合いに視点を当てて学んでいこう。

環境を通しての教育と子ども理解

（1）幼児期の教育・保育

「幼児期の教育は，生涯にわたる人格形成の基礎を培う重要なものである…(以下略)」。これは，教育基本法第11条に規定されている内容である。人格とは，人柄，心，道徳的行為の主体としての個人，自律的意志を有し，自己決定的であるところの個人と考えられる。就学前の5～6年間の幼児期において，生涯にわたる人格形成の基礎を培うという意味，その重みを，保育を学ぶ者は深く考える必要がある。

幼児期の生活や遊びは，その人間の一生に大きな影響をおよぼす重要なものである。その幼児期の教育・保育（以下，本文中では「保育」と統一する）に携わる保育者は，自身のありようをしっかりと自覚していなければならない。保育者は，子どもの生活や遊びの意義をとらえ，子どもが直接的・具体的なさまざまな体験を通して，人とかかわる力や，考える力，表現する力，学びに向かう力など，人間が生きていくうえで必要となる力を，はぐくむことが大切になる。

①幼稚園・保育所・幼保連携型認定こども園の保育の基本

幼稚園と保育所，認定こども園は，その目的に違いはあるが，就学前の子どもの保育を行う施設として，保育の基本に大きな違いはない。

幼稚園教育の目的は，学校教育法第22条に「幼稚園は，義務教育及びその後の教育の基礎を培うものとして，幼児を保育し，幼児の健やかな成長のために適当な環境を与えて，その心身の発達を助長することを目的とする」とある。幼稚園教育はこの目的を達成するため，幼児期の特性をふまえ，環境を通して行うものであることを基本とする。

保育所の目的は，児童福祉法第39条の規定に基づき，「保育を必要とする子どもの保育を行い，その健全な心身の発達を図る」ことである。保育所の特性は，家庭との緊密な連携のもとに，子どもの状況や発達過程を踏まえ，保育所における環境を通して，養護と教育を一体的に行うことである。また，入所する子どもの保護者に対する支援および地域の子育て家庭に対する支援を行う役割も担っている。

幼保連携型認定こども園の目的は，認定こども園法第９条の規定に基づき，「義務教育及びその後の教育の基礎を培うとともに，子どもの最善の利益を考慮しつつ，その生活を保障し，保護者とともに園児を心身ともに健やかに育成する」ことである。幼稚園教育要領・保育所保育指針・幼保連携型認定こども園ともに，３～５歳児においては，ほぼ共通した内容である。いずれも，環境を通して行うことを基本としているので，子ども一人ひとりの行動の理解と予想に基づき計画的に環境を構成していくことが求められる。

②環境を通して行う教育・保育

幼児期の心身の発達は，環境から受ける影響が大きい。幼稚園教育要領の環境を通して行う教育の意義では，幼児が生活のなかで身近な環境からの刺激を受け止め，その環境に興味をもって主体的にかかわり，さまざまな活動を展開し，充実感や満足感を味わうという体験を重ねていくことの重要性が述べられている。さらに，幼児が環境とのかかわり方や意味に気づくことや，思考錯誤したり考えたりすることの大切さも述べられている。幼児期にどのような環境のもとで生活をするのか，その環境にどのようにかかわるのかは，きわめて重要な意味をもつことになり，それは一人の人間の将来にわたる発達や生き方にまで影響をおよぼすのである。

環境を通して行う保育は，「環境の中に教育的価値を含ませながら幼児が自ら興味や関心をもって環境に取り組み，思考錯誤を経て，環境へのふさわしい関わり方を身に付けていくことを意図した教育」[1]である。また，「幼児との生活を大切にした教育」[2]でもある。

この環境とは，人，もの，自然，場所，時間，空間など，子どもを取り巻くすべてである。保育者や友だちとのかかわりをも含む状況，すべてが大切な環境となる。子どもが保育者の援助を得ながら，幼稚園・保育所・認定こども園や地域の文化にふれ，生きるために必要な知識・技能，人とかかわる力などを獲得し，自己の力を発揮していくことが大切なのである。環境とのかかわりを通して自己の可能性を開いていくこと，そして，健やかな成長が促されるようにしなければならない。

③幼児期にふさわしい教育・保育

幼稚園教育要領では，幼稚園教育に関して重視する事項として，3点があげられている。それは「幼児期にふさわしい生活が展開されるようにすること」「遊びを通しての総合的な指導が行われるようにすること」「一人ひとりの発達の特性に応じた指導が行われるようにすること」である。

幼児期にふさわしい生活の展開では，「教師との信頼関係に支えられた生活」「興味や関心にもとづいた直接的な体験から得られる生活」「友だちと十分にかかわって展開する生活」について詳細に述べられている。子どもは信頼する保育者に受け入れられ，見守られていると感じることで安心感をもち，自分の力を発揮できる。また，その際に保育者が子ども一人ひとりの行動の理解と予想にもとづき，計画的に環境を構成することや，子どもの活動の場面に応じて，さまざまな役割を果たし，子どもの活動を豊かにすることをふまえることの重要性も述べられている。したがって，幼児期にふさわしい保育を行うために基本となることは，一人ひとりの子どもに対する理解を深めることといえる。

一人ひとりの発達の特性に応じた指導のなかでは，一人ひとりに応じることの意味として，子どもの何に応じればよいのかを考えることや，そのような応答のために子どもの具体的な要求や行動の背後にあるもの，内面の動きを察知することの大切さが述べられている。子どもの内面の理解，これが一人ひとりに応じるための基本であり，保育の出発点ともいえる。

保育者は，子どもとともに生活をしながら，その子どもが，今，何に興味をもっているのか，何を実現しようとしているのか，何を感じているのか，などをとらえていく必要がある。子ども理解（幼児理解）が不十分な状況では，一人ひとりの子どもの発達を促す援助はできない。子どもが発達に必要な経験を得るための環境の構成や保育者のかかわりは，子どもを理解することによって，はじめて適切なものになるのである。

（2）子どもにとっての園生活

①集団による教育・保育

幼稚園・保育所・認定こども園は集団の場である。そこでは，同年代の子どもと言葉を交わし，いろいろな考えを出し合いながら一緒に遊ぶことを経験する。そこでは，家族だけでは経験できない遊びの世界の広がりが生まれ，友だちとかかわる楽しさもたくさん経験できる。

他者の行動がモデルになったり，あこがれや目的をもって活動したりすることで自分自身を高めることができるのも，集団による教育の利点といえる。

しかし，集団の場で生活するということは，家庭における人間関係からほかの大人やほかの子どもとのかかわりといった異なる人間関係が生まれるということである。そこには，楽しさと同時に，思い通りにならない体験も生じる。ときには自己主張のぶつかり合いが起こり，いやな感情を味わうこともあるだろう。しかし，それらの経験はマイナスではない。その経験をもとにして友だちと折り合いをつけることを学習し，友だち関係の広がりや深まりが生まれるからだ。これは子どもの成長にとって必要な経験となりうるのである。しかし，保育者の対応が適切でなく，子どもがいやな感情，否定的な感情を引きずるようでは有効な経験にはならない。保育者の援助の仕方によって，子どもの体験する内容に違いが生じることが起こるのである。いざこざの体験が子どもの発達にプラスに作用するためには，子ども理解（幼児理解）を基本にした保育者の適切な援助が必要不可欠となる。

②基盤となる信頼関係

子どもたちは，保育者との信頼関係を基盤にして自分自身の生活を確立していく。信頼関係の成立には，子どもが，「自分は保育者に理解されている」と実感できることが重要である。一人ひとりの子どもの成長・発達には，幼児期に保育者との信頼関係を基盤にして，自己肯定感をもてるようにすることが重要である。それはその子どもの生涯に大きな影響を及ぼすことになるからだ。幼稚園教育要領解説のなかにも，「教師の役割」について，幼児との信頼関係を十分に築くことや，幼児と適切なかかわりをするためには幼児一人ひとりの特性を的確に把握し，理解することが基本となることが明記されている。

前述したように，子どもたちが発達に必要な経験を得るための環境の構成や，保育者のかかわり方は，子どもを理解することによって，はじめて適切なものになる。幼稚園・保育所・認定こども園における保育は，集団生活のなかで周囲の環境とかかわり，発達に必要な経験が得られるように援助する営みである。子どもたちにとって幼稚園・保育所・認定こども園で過ごす生活は，楽しいものでなければならない。楽しいからこそ，明日も行きたい場所になるし，楽しいからこそ主体的な生活となるのである。

（3）子ども理解の重要性

①子どもの言動から気持ちを探る

次の事例は，5月中旬，保育を学ぶ学生が，実習期間に5歳児のクラスで体験した子ども同士のトラブルである。自分に置き換えて，子どもの言動と援助を考えてみよう。

今日だけハルちゃんと遊びたくない

5歳児　5月

それまで，仲よく遊んでいたミオとハルミだったが，突然，ミオが「今日だけハルちゃんと遊びたくない。サヤカちゃんだけとハムスターごっこしたい」と言った。困った顔のハルミを見て，実習生はミオに，「ハルちゃんはミオちゃんと遊びたいと言っているから一緒に遊ぼう！」と声をかけた。しかし，ミオは，「○○組（4歳児のクラス）のときから，いつもハルちゃんと遊んでいるから，今日は仲間に入れたくない」と，泣きながら同じ言葉を繰り返した。何度言葉をかけても泣きやまないので，実習生はほかの子どもにも声をかけ，違う遊びに誘って気持ちの転換を図った。

実習生は，そのあとの記録に，「突然，仲間に入れないというのは相手のことを考えないわがままな行動だと思える。どこまで受け止めるのか判断が難しい」という内容を書き加えている。実習生には，2人仲よく遊んでほしいという気持ちがあって，ハルミを拒否したミオに，ハルミと遊ぶように誘いかけをしたようである。そしてハルミに対しては，仲間に入ることを拒否された気持ちを理解

し，遊びたい気持ちを何とか満足させてやりたいと思ったようである。

さて，ハルミと遊びたくないと言ったミオの言葉には，どのような意味が込められているのだろうか。それを考えてみよう。ミオ自身，「いつも遊んでいるから」と答えているように，違う仲間との遊びを望んだと考えられる。「サヤカちゃんだけとハムスターごっこしたい」という言葉からは，ハムスターごっこという遊びそのものへの関心をもっていることが考えられるし，サヤカとの新たな友だち関係を求めていることも考えられる。遊びたくないという気持ちを，泣きながら繰り返し主張した姿には，ミオの気持ちの揺れが見えないだろうか。

ミオは，ハルミの気持ちを理解していないわけではなく，理解していても，サヤカの行っている遊びの新鮮さやおもしろさにひかれ，さらに新しい仲間関係を求める姿が生まれてきているのかもしれない，ととらえたとしたら，どのような援助が求められるだろう。同じ友だちとの遊びをしているときには，相手の行動への予測がつくために安心感がある。互いに気持ちが通じ合う楽しさもあるだろう。しかし，それに満足しない時期もある。それこそ子どもの発達の姿である。発達をより促すためには，こうしたさまざまな視点から考えて子どもを理解する姿勢が重要になる。

②子どもの行為の意味を解釈する

さて，幼稚園や保育所，認定こども園において，保育経験を多く積んだ保育者でも，さまざまな悩みを抱えているものである。たとえば，みんなが楽しそうに踊っているのに，見ているだけで踊らない子どもがいるとしよう。保育者は，なぜ踊らないのだろう，どうしたらみんなと一緒に踊れるようになるのだろうと考えるだろう。また，何日も続けてお弁当を食べたくないという子どもがいれば，どのようにかかわったらよいのだろうと悩む。うつむいたままで何を聞いても応えてくれない子どもがいれば，どうしたら話をしてくれるのだろうなど，保育実践の場では個々の子どもの援助について悩むことが多いものである。たとえ同じような場面であっても，子どもの特性によっては同じ援助が適さないこともあるからだ。しかし，こうした悩みを抱えながらも保育実践を振り返り改善しようと考える姿勢をもっている保育者は，必ず子どもの気持ちがわかるようになっていくだろう。

そこで，踊りたくないと言った子どもの行動の理解と保育者のかかわりについて考えてみよう。保育者が踊りは楽しいものと思っていて，子どもにも楽しさを経験してもらいたいと思えば，ためらいなく，その子を踊りの輪のなかに誘うかもしれない。また,「踊りが苦手なのだろう」と解釈すれば,何とか好きになるようにと,踊り方を示したり,一緒に踊ったりするかもしれない。さらに,何か踊りたくない理由があるのかもしれないと解釈すれば,少し様子を見ているかもしれないし,子どもが安心して踊りを見ていられる場所を提示するかもしれない。

このように,子どもの行為の意味の解釈の仕方によって,保育者のかかわり方が異なるのである。それは,援助の違いとなってあらわれる。どのような援助が適切かは,発達や状況によっても異なるので,保育者には子どもの行為の意味を簡単に決めつけずに,いろいろに解釈する力が求められる。

これらのことから,より適切な援助につながるようにするためには,多様なとらえ方が重要だということが理解できるだろう。目に見える動き,言葉にあらわれた子どもの姿の背景には,その行動に至った原因がある。そして,それは,1つではないかもしれない。それを探ることが大切になる。

子どもの内面,言葉に表現できない心の内を理解してくれる保育者が身近に存在し,適切な援助があるとき,子どもは自分自身の力を発揮することができるようになるのである。

子ども理解とは

（1）子ども理解と保育者

子どもを理解するということは，子どもの内面を理解するということである。内面を理解するのは簡単なことではないが，一人ひとりの子どもが，自分の思いを日常生活のさまざまな場面で，さまざまな方法で表現しているということに気づくことが大事である。

幼稚園・保育所・認定こども園が，子どもにとって楽しい場，安心して過ごせる場になるためには，子どもの行動を温かく見守り，適切な援助を行う保育者の存在，かかわりが重要になる。適切な援助のために，子ども一人ひとりを理解することが基本となるのである。「幼児を理解するとは一人一人の幼児と直接に触れ合いながら，幼児の言動や表情から，思いや考えなどを理解しかつ受け止め，その幼児のよさや可能性を理解しようとすることを指している」[3)] とあるように，保育の根幹といえよう。

一人ひとりの子どもの言葉や行動には，いろいろな意味が考えられる。同じ活動をしていても，子どもにとっての意味は同じではない。保育者は，一方的に決めつけずに，「こんな気持ちだろうか」「これは何のためだろうか」などと思いを巡らすことが大切になる。思いを巡らすことが子どもの気持ちに近づこうとする姿勢となってあらわれ，少しずつ心がつながっていくのである。

①子ども理解の難しさ

みなさんは，次のような場面で，この子どもの内面を理解できるだろうか。

クレヨンをもつ手が止まるとき

5歳児，6月の誕生会を前に，誕生児の好きなものを絵に描いてプレゼントをするという活動をしていたときのことである。誕生会でお祝いされる友だちは3人である。3人の好きなものはそれぞれで，花，自転車，怪獣であった。花が好きな友だちには花，自転車の好きな友だちには自転車，怪獣が好きな友だちには怪獣というように，ほとんどの子どもは楽しそうに3人それぞれにあげる絵を描いている。しかし，そのなかで，一人の子どもが頭を抱えていた。クレヨンをもった手が動かない。保育者が心配してそばに行き，「ほら簡単よ」「簡単！」「大丈夫よ，できるから」と声をかける。保育者は，その子が描かないでいる様子を見て，何とか描けるようにと励ましている。

この子どもは，なぜ描かないで頭を抱えていたのだろうか。想像してみよう。絵が好きな子にとっては簡単に描けるものでも，好きでなければ描けないかもしれない。たまたま，描く対象物が自分には描けないものだという場合もあるだろう。また，5歳児だけに友だちの好みがわかっていて，かえって描けないことも起こりうる。四輪の車は描けても自転車は描けないかもしれないし，友だちの好きな怪獣を知っているけれど，それは自分の描ける怪獣ではないかもしれない。「○○ちゃんにプレゼントしなくては，でも○○ちゃんにあげるぴったりの絵が描けない」と思ったとしたら，気持ちだけが先行して，できない自分に向き合い，つらくなってしまうことも考えられる。

理解されていると実感できるように

そのときの気持ちや状況を先生に理解してもらえない，と子どもが感じた場合，保育者はその子にとっての理解者にはなれないのである。保育者がそばに行って励ましているにもかかわらず，子どもの心には届かない。わかってくれない保育者との心の距離を広げてしまうのではないだろうか。子どもの内面を理解し，心に沿うということは簡単な

励ましだけではうまくいかないのである。どこにつまずいているのか，それを一人ひとりの子どもに沿って考えることができるようにしたいものである。

保育者の姿勢を考えるとき，保育者が当たり前と思ってしていることや，子どもには楽しいはずだと思っていることがある。本当にそうなのかを考え直してみる必要があるだろう。すべての子どもが同じように楽しく感じられるわけではないし，保育者の想像を超えて難しいと感じるような子どももいるかもしれない。保育の現場で意図的に行ってきた保育，何気なく行ってきた保育を見直す姿勢が大切になる。

幼児教育は，心を育てることを重視している。したがって，子どもの内面を理解することが欠かせない。しかし，幼稚園や保育所，認定こども園の生活で，保育者が何かをさせることに多くの気を取られると，子どもの表面にあらわれた姿にのみ目を向けてしまうことにつながる。「がんばりなさい」「こうすればいいのよ」などと，単なる励ましをしたり，やり方を指示したりすることにもなりかねない。子どもの言葉や行動の内にある気持ちは見ようとしてみなければ見えないし，理解できない。保育者のその姿勢があってはじめて，子どもの内面の理解に近づくことができるのである。子どもは，保育者に理解されていると実感できることで，自分の課題を乗り越えていける。

日常的に心を寄せる

幼稚園や保育所，認定こども園において子どもはさまざまな姿を見せるが，保育者によってその姿のとらえ方が異なることも少なくないことを述べてきた。子どもは多様な面をもっているので，実際にとらえにくいことが多いということを頭に置く必要がある。実際に保育者が子どもを理解できたように思っても，子どもの気持ちや感情は変化していく。また，言動にあらわれることばかりではない。さらに，あらわし方も子どもによって違いがある。これらは，その子どものこれまでの経験や環境とのかかわりが影響していることが考えられる。したがって，保育者に理解できることは一部でしかないことを認識しておく必要がある。

一方，保育者側の問題もある。保育者が子どもを理解する力は，養成校での学習，子どもとのかかわりの経験，保育実践の量，保育実践にもとづいた専門的な視点での研究など，それぞれに違いがある。つまり，積み重ねの有無だけでなく，積み重ねの内容にも違いがあるのである。それらによって形成される保育観，子ども観が微妙に影響する。さらに，保育者自身がどのような教育を受けてきたか，保育者自身の体験，どのような価値観をもっているかなども影響する。

保育者は，自分が育ってきた過程で経験してきたことによる枠組みで子どもを見てしまうことがある。遊びださない子どもを見ると，積極性がないと思ったり，次々に遊びを変えていく子どもを見ると，集中力がないと思ったりするなど，短絡的にとらえてしまうこともある。このような決めつけた見方は避けなければならない。また，保育者によっては，子どもの行動の過去の姿を記憶にとどめていて，それと重ねて判断する場合もあるし，目の前にあらわれた行動の一部を見て，決めつけた見方をすることもあるようだ。それでは，子ども理解（幼児理解）の基本から外れるだろう。保育者に理解できることは一部でしかないのだから，日常的に，子どもを理解しようと心を砕くことが大事になる。理解しようと心を近づけていくことが重要なのである。子どもの気持ちを尊重する姿勢が保育者の根底になければ，それはできない。

②保育者のまなざし

子どもをどのように理解するかは，保育者の保育に対する姿勢や子どもの見方によって左右される。

いるけどいませんよ

ある3歳児のクラスでの出来事である。ほとんどの子どもが昼食前の排泄（はいせつ）を済ませて，それぞれ机上に弁当を出して食事の準備をしていた。一人，トイレから戻らない子どもがいたので，保育者はトイレに行き，その子がいることを確認したうえで，「〇〇くん，いますか」と声をかけた。すると，その子は，「はい，いませんよ」と明るく返事をした。

ここで，保育者がその子どもの行動を「遅い」とだけ思っていたなら，「まだですか」「みんなが待っていますよ」と，せかせたり，他者を意識させたりするような言葉を最初にかけたのではないだろうか。せかすこともせず，ただ本人の存在を確認することにとどめた保育者の行為は，自分のことを保育者が気にかけているというメッセージになって，この子どもに伝わっていったのだろう。安心したからこそ「いませんよ」と，少しふざけ気味の明るい応答をしたと考えられるのである。

保育者の思いとそのかかわり方は連動している。もちろん，その子どもは遅くなって他者を待たせたわけだから，保育者は，その子が保育室に戻ったときに，クラス全体の子どもたちに対するあいさつをしっかりと指導している。このような応答ができるのは，保育者に心の余裕があるからといえる。保育者の温かな保育観，子どもに対する温かなまなざしがなければできないだろう。

滑り台は楽しいよ

同様に3歳児のクラスでのことである。滑り台で遊ぶことが大好きな子どもがいた。その子は，クラスで飼育しているモルモットを抱いて滑り台を滑るため階段をあがり，一番高いところにたどりついたところで自分の手からモルモットを離したのである。モルモットは滑り落ちてくる。たいていの保育者は，とっさに小さな命の危険を考えて注意するだろう。その保育者も，モルモットの命を考えてその子どもの行為を注意した。そのあとで保育者がその子にモルモットを滑らせた理由を聞くと，楽しいからモルモットにも滑らせてあげたのだと応えた。

自分の好きなことはモルモットも好きと考える，他者理解の未発達な3歳児の行為である。もちろん，小さな命は大切にしなければならないのでその指導は大切である。自分は楽しい，けれどモルモットも楽しいのか，それを一緒に考えてみるような援助を加えることが必要になる。発達をふまえた援助が必要なのは，こうしたことからも理解できるだろう。

自分自身のかかわりに目を向ける

保育は，子どもの育つ姿を想像した意図的・計画的な営みである。保育者は，ねらいを達成するために，経験させたい内容を指導する。子どもに対して，「……のようになってほしい」という願いをもって保育をするので，ときには，過度な要求をもってかかわることも起こる。そのこと，つまり自分自身のかかわり方に気づく必要がある。保育者の保育に対する考え，子どもに対する見方などは，これまでの学習や自身の経験によってつくられてきているので，常に子どもの視点に立ち，自分の保育を振り返る姿勢が必要になる。

子どもを理解することは，保育者自身のかかわりに目を向けることでもある。「この子は乱暴だ」「話を聞けない子」「困った子」「この子がいるとほかの子が落ち着かない」「仲よく遊んでいるのに勝手におもちゃを取ってしまうなんて」「いくら話してもわからない」などと感じているとしかることが多くなり，笑顔ではいられない。みんなの前でしかることになると，ほかの子どももその保育者を怖いと理解することになり，その保育者のそばには寄りたくなくなるだろう。また，不安定になる，依存することが多いなどの子どもの姿は，保育者とのかかわりの結果であることも多い。何気ない保育者のまなざしを考えてみよう。子どもは，保育者のまなざしを感じ取って自分自身の行動を変えることがある。保育者のまなざしは子どもの行動に強く影響をおよぼす。

したがって，子どもの行為を見るとき，「……らしい」「……ではないか」と考えることは重要なことになる。表面にあらわれた行動から内面を推(お)し量(はか)ることは難しいことではあるが，内面に沿っていこうとする姿勢が大切になる。そして，その子どもの心の世界を推測してみて，推測したことをもとにかかわってみるのである。子どもとのかかわりを通して，子どもの反応を知り，またそこから新しいことが推測される。こうした循環のなかで，少しずつ子どもを理解することができるようになる。たとえ少しずつであっても，子どもの行動の意味が見えてくると保育の楽しさが倍増する。

（2）子どもと保育者の相互理解

子どもが自分の力を発揮するためには，保育者と子どもとの間に温かな関係が必要になる。保育者と子どもとの温かな関係は，保育者の温かな姿勢がなければ成立しない。また，その温かな関係は，特定の子どもとのみにつくられるものではない。保育者が一人の子どもにかかわる姿を見てほかの子どもも安心し，それをモデルにして子ども同士が保育者の言動をまねていく。その結果，温かなクラスがつくられていく。

子どもたちは，保育者が自分をどのように見ているか，どのように接するかについて敏感に反応する。自分のことを好きと思ってくれているか，話を聞いてくれるか，怖いか，やさしいか，自分のしていることはどこまで許されるかなど，保育者の日頃の言動を見て保育者を理解しようとしているのである。

片づけを巡って

３歳児の６月頃の片づけの場面であった。比較的よく遊ぶ２人の子どもがいた。一方の子どもは，保育者の話をよく聞いて，保育者が片づけの指示をだすとすぐに片づけを始め，終わるとすぐに「先生，片づけたよ」と毎回，必ず報告をする。そのたびに，保育者にほめられてうれしそうにしていた。一方の子どもは，保育者に促されて片づけをすることが多かった。

ところが，11月頃になると，保育者が片づけの指示をしたとき，それまできちんと片づけをしていた子どもが，一緒に遊んでいる友だちに「どうする？」と自分から聞くのである。その遊びをやめたくないという気持ちもあってのことだろうが，もう少し遊んでいても大丈夫と自分なりに判断したとも考えられる。それは，保育者の何度目かの片づけの声がかかるまで，2人でたっぷりと遊んでいたからだ。保育者の声は，何回目かには大きくなる。この子どもにとって保育者はどのように理解されていたのだろうか。子どもは，ほめられることにも慣れてしまい，保育者の語尾の強さを感じ取りながら，自身の行動を変えている。信頼関係があるからこその行動とも考えられるが，保育者の行動をよく見ていて理解している行動ともいえる。保育者は，子どもなりの見方で理解をされている。

子どものまなざしから学ぶ

保育者は子ども理解（幼児理解）の重要性を知り，子どもを理解しようとするが，実際には，日常的な行動を子どもに見られ，子どもなりの方法で理解されているのである。子ども理解は，子どもも保育者を理解するという相互作用がある。子ども理解は，保育者が子どもを一方的に理解しようとすることだけで成り立つものではなく，相互影響の過程で生まれるものなのである。

また，子どもの言動の受け止めは，保育者の気持ちのありようによって左右されることがある。子どもが保育者の言動を受け止めるときに，保育者の感情に左右されることがあることを意識しておく必要がある。保育者がプラス思考であれば，子どものどのような言動もよい方向に受け止めることができるだろうが，イライラ感が強かったり，心配事が多かったりすると，気づかぬうちにマイナスに受け止めることがある。イライラ感が強いと，知らず知らずに語調が強くなったり行動が荒々しくなったりする。そのことで，子どもたちが保育者の言い方を怖いと感じれば自分をだせなくなる。子どもにも，保育者にしかられる自分が想像できるからだ。保育者の目を意識し，顔色を見て，行動を変えることのないようにしたいものである。

子どもからのまなざしは，子どもの目に映る自分である。保育者が，自分自身の保育のありようを，子どものまなざしから学ぶ謙虚な姿勢をもつことも大切になる。「この子どもには，このようなところがある」と思ったときには，そう見ている自分自身や，子どものそのような面を引きだした自分の保育のあり方をあわせて見直す姿勢が必要となる。これは保育者が育つうえでも重要なことである。

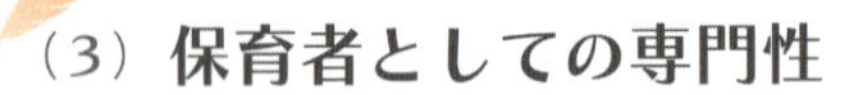

（3）保育者としての専門性

環境を通して行う保育のなかで，最大の環境は保育者である。子どもたちの視線は，保育者の意図するしないにかかわらず，日常的に保育者の姿勢に注がれている。人的環境としての保育者の存在，そのかかわり方はきわめて重要になる。

①保育者の存在とかかわり

子どもは，あこがれをもつ保育者の言動を自分に取り入れていく。行動の基準を大人の諾否（だくひ）に置くことも多い。つまり，そのことをやってよいかを保育者にたずねるのである。子どもたちが生活するなかで，保育者によいと言われて安心して行動に移る姿を見ることがある。また，「先生がダメと言ったから」とか「先生にしかられるよ」という言葉を聞くこともある。このようなことから，判断の基準を保育者の諾否に置くことがあるとわかる。年齢の低い子どもはとくに，生活のなかで大人の指示を受けることも多いし，一人で判断できないことも多いからである。それは必要なことでもあるが，自分で考えて行動できるようにしていくためには，いつまでも保育者の指示を待ったり，うかがったりしていては不十分といえる。主体的な姿勢をはぐくむためにも，環境としての保育者について考えてみる必要がある。

実際に保育者の言動は，子どもたちに安心感や意欲をもたせることにも，不安感をもたせることにもなる。よきモデルにもなれば，その逆もありうる。保育をするうえでは，子どもたちの行動を想定し意識的なかかわりが必要になる。また，日頃からの立（た）ち居（い）振（ふ）る舞（ま）いにも配慮しなければならない。

物的環境へのかかわりも保育者の姿勢が影響をおよぼす。物的環境へのかかわりにおいては，そこにかかわる保育者の姿勢や仲間の存在が重要であり，それによって興味・関心を引き起こす子どもも多い。子どもの気持ちを誘発するような保育者の姿勢が，環境とのかかわりが生まれるためには必要になる。保育者には，子どもたちの主体的な遊びを生みだすために必要な保育環境を整えることや，子ども一人ひとりとの信頼関係を十分に築き，ともによりよい保育環境をつくりだしていくことが求められる。また，物的・空間的環境を構成し，その環境のもとで，子どもたちと適切なかかわりをすることが求められる。

幼稚園教育要領解説では，幼児の発達に必要な経験が得られるよう，活動の場面に応じて適切な指導を行うようにすること，そして，教師の役割として，幼児が行っている活動の理解者として，幼児との共同作業者として，モデルとして，遊びの援助者としてなど，具体的に述べられている。これらの役割は相互に関連し，実際の援助では状況に応じた柔軟な対応が求められるが，そのためには，子どもを多面的・多角的にとらえ，理解する必要がある。目の前で起こっている出来事を一面的にとらえると，浅い理解になり，子どもとの心の通い合いは生まれないからだ。目の前の出来事が，子どもにとってどのような意味をもつのか，それをとらえる力を養わなければならない。保育者の専門性が問われるところである。

②求められる専門性

幼稚園教育における専門性とは，「幼稚園教育の内容を理解し，これらの役割を教師自らが責任をもって日々主体的に果たすことである。つまり，幼児一人一人の行動と内面を理解し，心の動きに沿って保育を展開することによって心身の発達を促すよう援助することにある。…（中略）…幼児の行動と内面の理解を一層深めるためには，幼児の活動を教師自らのかかわり方との関係で振り返ることが必要である」[4)]。具体的には，子どもを理解する力，環境を構成する力，保育を構想する力，保育を省察（しょうさつ）する力，ほかの保育者と協同して保育を進める力などがあげられる。

保育所保育指針では，第１章総則，保育士の役割として「保育所における保育士は，児童福祉法第18条の４の規定を踏まえ，保育所の役割及び機能が適切に発揮されるように，倫理観に裏付けられた専門的知識，技術及び判断をもって，子どもを保育するとともに，子どもの保護者に対する保育に関する指導を行うものであり，その職責を遂行するための専門性の向上に絶えず努めなければならない」[5)] と述べられている。具体的には，成長・発達を援助する技術，子ども自らが生活していく力を細やかに助ける生活援助の知識・技術，保育の環境を構成していく技術，遊びを豊かに展開していくための知識・技術，子ども同士や子どもと保護者の気持ちに寄り添い，子どもとの関係を構築する知識・技術，保護者などへの相談・助言に関する知識・技術などが求められる。

幼保連携型認定こども園は，幼稚園教育要領と保育所保育指針の整合性の確保をしていることから，求められる専門性についても同様と考えられる。幼稚園と保育所，認定こども園の乳幼児の教育・保育をする施設は，その目的の違いから専門性についての表現に微妙な違いは見られるが，本質的なところでは大きな違いはないといえよう。

1-3 個と集団の関係

（1）個が尊重されるクラス

①今日はサキちゃんと遊びたくないという主張

第1節(3)「子ども理解の重要性」では，実習で経験した5歳児の事例を示しているが，同じようなことが4歳児でも起こる。ここでは4歳児について述べよう。サキとカナエのやりとりである。サキは朝からずっとカナエの登園を玄関で待っていた。カナエが来ると，一緒に遊ぼうと誘うが，カナエに「今日はサキちゃんと遊びたくない」と言われる。

このような状況になったら保育者は，「そんなことを言ったらサキちゃんがかわいそうでしょ」と，子どもの発言を遮（さえぎ）ってしまうのではないだろうか。たしかに，そう言われた子どもはショックを受けるだろうから，早く解決してあげたいという思いが生じるかもしれない。しかし，4歳児にとっての自己の表出は発達上重要であり，ぶつかり合って自己制御を経験していくのであるから，急いで解決に導いてしまう援助については考えてみる必要がある。この場合，どちらも尊重されなければならないのである。サキには，カナエと遊びたかったという気持ちをくみ取り共感してかかわり，カナエには，保育者がサキの気持ちをくみ取って話している姿を見せることで，カナエが自分でサキの気持ちに気づくようなはたらきかけが求められるだろう。

②子どもの行動を誘発する言葉

次に，4歳児10月の片づけの場面を見てみよう。積み木で遊んでいた男児4人に保育者の片づけの声がかかる。ソウマは「片づけだって」と一緒に遊んでいた仲間に話す。そこに保育者が来て，「せっかくできた電車だから，片づけ駅まで私も乗せて」「みんなで乗って行きましょう」と言う。すると4人の子どもが素早く集まり，積み木に乗る。ジュンが「片づけ場ー」と言うと，ソウマが「えー。はやーい」と言う。ジュンは「次は，片づけ場ー」と続けて言う。保育者はその様子を見ていたが，ジュンの言葉を受けて「着いた？」と聞き，その場を離れる。

保育者の言葉が積み木の片づけの始まりとなって，4人の子どもたちは積み木を運んでは所定の場所に積みはじめる。ジュンとシンイチが運んでくると，ソウマは「え，それあとだよ」と言う。ジュンとシンイチが運んできた積み木を置き去りにしたので，ソウマは「ねー，そんな片づけ大嫌いだよ」と言う。シンゴが「手伝って」と言うが，2人は運んできた積み木を置いて行く。ソウマは2人に向かって「自分だけ運んで人に片づけさせてー，ここまで，もってきてよ」と言う。そのような会話をしながら，片づけが進められていった。

ほぼ片づけが終わるころに保育者が来て，凹凸がないよう積み上げられたのを見て「あー，すごい，ここまっすぐー」と言うと，シンゴが「みんなで力を合わせたんだよ」と言う。保育者が，「私も電車に乗せてもらったから手伝いたいわ」と言って様子を見ている。ソウマとシンゴが「ありがとう」と言いながら，積み木を積みあげている。そこにジュンとシンイチが戻ってきて積み木を片づけはじめる。保育者が「手伝うとこ，なくなっちゃうわ」と言って様子を見ていたが，しばらくして場を離れる。

4人は，片づけを終えるとうれしそうな表情をして保育者を呼びに行く。子どもに導かれて積み木のそばに来た保育者は，高さも横幅も所定の枠に収められたのを見て，感心した表情をする。そして，最上段の積み木の高さすれすれに自分の手をかざし，積んだ積み木の高さをたしかめるような仕草で，端から端まで同じ動作をして黙って歩いていく。子どもは，保育者のその行為を息を潜めてじっと見つめている。保育者は，三角の積み木は2つ合わせたことでうまく四角になったこと，少しもはみださずに枠内に全部収まっていることなど，一見してわかる状態を言葉と行動で

子どもたちに伝え，片づけた子ども一人ひとりに声をかけた。それは子どもが苦戦したと思われる姿を知っていて，それを言葉と行動で表現した姿である。保育者のこの行為に子どもは集中し，認められたことがわかると声をあげてよろこび，満足感を満面にたたえた。片づけの過程でのつまずきを知っている保育者ならではの温かな援助である。ここに保育者と子どもたちの心が通う温かなふれ合いを見ることができる。

③子どもの葛藤を知る

子どもとの温かい関係を育てることは子どもを理解する過程ともいえる。温かい関係を育てるために大切な配慮は，子どもたちの友だちやものとのかかわりのなかに何らかの葛藤があったことを想像し，やさしさをもってかかわることである。ここで取りあげた積み木の片づけでも，積み木の扱いや子ども同士のやりとりなどを，ていねいに感じ取ろうとする姿勢がなければこのようなかかわりはできない。先にあげた3歳児のトイレにおける保育者とのかかわりを見ても，保育者の温かな姿勢，子どもを信じる心をもっていることが子どもの心の安定には大切といえる。子どもたちは，保育者との温かい関係のなかでこそ，自分の力を発揮できる。

クラスのなかにはいろいろな子どもがいる。保育者に認められ，自己発揮できる子どももいれば，なかなか自分の力を発揮できない子どももいるだろう。友だちと遊ぶなかで自分の意見を言えない子どもは，意見を言ったときに取りあげてもらえなかったり，けなされたりした経験があるかもしれない。保育者や友だちとの関係を意識するあまり，自分のありのままの姿をだせずにいる子どもがいないかを注意して見ていかなければならないのである。

子どもたちは，自分の心の動きをいつも言葉で伝えるとは限らない。伝える言葉が十分でない子どももいるし，たとえ，言葉を知っていたとしても，うまく表現できないこともある。また，保育者の期待が強すぎると，反発したり，自分の気持ちを隠して保育者の言うとおりにふるまったりすることもある。保育者は，目に見えたこと，聞こえたことだけで判断せずに，子どもたちが身体全体で表現していることに気づき，ていねいに感じ取ろうとする姿勢をもたなければならない。そして，子ども一人ひとりに対する関心をもち続ける気持ちが必要になる。また，その気持ちを子どもに伝えることが大切となる。この子はこういう子だと決めつけた見方をすると，子どもがのびのびとふるまうことができなくなる。温かな関係を構築することは，個の尊重が基本となる。一人ひとりの子どもが尊重されるクラスは，互いを認め合うクラスへと変容していく。

（2）温かな集団とは

続いて，温かな集団とは何か，考えていこう。保育者と子ども，子ども同士の心のつながりのある温かい集団を育てることは保育者の重要な役割でもある。幼稚園や保育所，認定こども園では，同年齢の子ども同士のかかわりが自然に生まれるし，また，かかわりが生まれる状況を意図的につくりだすこともある。

幼稚園教育要領における「人間関係」の「内容の取扱い」では，「一人一人を生かした集団を形成しながら人とかかわる力を育てていくようにすること。その際，集団生活の中で，幼児が自己を発揮し，教師や他の幼児に認められる体験をし，自分の良さや特徴に気づき，自信をもって行動できるようにすること」[6] と述べられている。

①自由に意見が言える

子どもたちは，他者とのかかわりを通して，遊びの広がりやおもしろさを体験するが，遊びのなかでは，ものや場所の奪い合い，イメージの食い違い，考えを調整できないなど，さまざまな原因でトラブルが生じる。友だちと遊ぶなかでは一人では味わえないおもしろさがあるものの，思うようにならない感情も体験することになる。しかし，そのなかで自己理解，他者理解，言葉による表現，自己制御などが育つのである。こんなことを言ったら，誰かに何か言われる，笑われるかもしれないなどと思い，発言を躊躇（ちゅうちょ）するようでは温かい集団とはならないだろう。一人ひとりの子どもが自由に意見を言えるようにすることは大事なことである。前ページ③の事例のように発達の過程では，ときには他者を傷つけるような発言もあるが，その発言の背景を保育者が理解すれば，子どもが相手の気持ちに気づき，相手のことを考えられるように援助を工夫することもできる。子どもが自由に意見を言えるようにするには，クラスの雰囲気が温かくなければならない。認め合う集団をつくることは重要なことである。

②一人ひとりが生かされる

温かい関係は，特定の子どもと保育者との間だけで成立するものでもない。たとえば，子どもたちは日常的にいざこざを起こすが，友だちの使っているものを取って奪い合いになるけんかでは，保育者は，取られたほうの子どもの気持ちに共感しやすい。同様に，作品を壊してしまうなどの状況では，壊された子どもの気持ちが理解でき，共感がいっそう強くなる。その結果，取ったほうの子どもや壊してしまった子どもに，その行為の背景を考えずに，厳しい指導をすることもあるようだ。

その行為自体は指導しなければならないが，その前に，行為におよんだ背景をきちんと把握していなければならない。欲求・要求は自然なことであるが，その表現方法がうまくいかないために結果的にしかられることになる。こうした望ましくない行為だけを指摘されることが重なると，自己否定が強くなっていく。また，しかられる友だちを見る周囲の子どもたちの見方も変化していく。温かな理解者であるということは，子どもの行為をしかる前に，その背景に思いをはせて，気持ちをくみ取れる保育者である。

そしてこの保育者の姿は，子どもたちのモデルとなる。やがて自分たちでも他者の気持ちをくみ取ろうとするし，トラブルが起こったときには相手の気持ちをくみ取ろうとしたり，他者に伝えたりして他者を大切にしたかかわりができるようになっていくのである。保育者が一人の子どもと温かい関係を結ぶことは，それを見ているほかの子どもにとっても，保育者に対する信頼感を寄せることになっていく。したがって，子どもの考え方や受け止め方を，その子どもの身になって理解しようとする姿勢をもつことが大切である。

温かな集団は，互いを大切にし，心のつながりのある集団，一人ひとりのよさが生かされた集団といえる。このような集団をつくるためには，保育者が子どもの心に寄り添う姿勢をもってかかわり，その子どものよさを認めていくことが大切になる。

（3）集団のなかでの育ち合い

5歳児の保育室でのことである。子どもたちは，室内外で思い思いに好きな遊びを繰り広げていた。片づけの時間になり，保育者が次の活動を示し片づけの指示をした。保育者は，子どもたちと一緒に室内の片づけを行い，あと少しで終わりという状態になったときに「○○くんたちが砂場で遊んでいたから，先生は砂場の片づけを手伝ってくるから，お部屋のほうはみんなに任せていいかな」と言葉をかける。すると，子どもたちは「大丈夫，任せて」と言い，懸命に使った遊具や用具を片づけ，ゴミを拾いはじめる。ほぼ終わったと認識した子どもたちは保育者を呼びに行く。

保育者が戻り，室内に一歩足を踏み入れるのとほぼ同時に「わー，きれい，みんなすごいね」とほめる。子どもたちはみんな，うれしそうな表情になる。保育室は完璧に片づいていたわけではなく，小さなゴミが落ちていたが，保育者が子どもの行為をほめながら，そのゴミをさりげなく拾ってゴミ箱に捨てると，その姿を見て，子どもたちも周囲を見まわし進んでゴミを見つけて拾っていく。スムーズな流れと温かな空気が生まれた。温かな空気の流れを生んだ保育空間は，またたく間にゴミ一つない気持ちのよい空間になった。保育者の子どもの発達についての理解と，子どもを信じる温かな姿勢によって，子どもが自ら行動する姿となっていった。この姿勢がそのあとの子どもたちの成長に大きく影響していく。このクラスが，そのあと，互いのよさを認め合うクラスになったのは言うまでもない。

子ども同士が認め合い，ほめ合うクラスは，保育者の温かな姿勢のうえにつくられていく。一人ひとりの子どもを大切にする保育者の姿勢は，子ども同士が互いを大切にする姿勢につながり，それがクラス全体の温かな関係をつくりだすことになる。

子どもは，集団生活のなかで同年代の子どもと生活することで育つ部分が多い。「幼稚園は集団の教育力を生かす場である。…（中略）…一人一人の発達の特性を生かした集団をつくり出すことを常に考えることが大切である」[7)]。これは保育所の子どもを対象にした教育においても同様と考えられる。実習に出ると，個々の子どもにはかかわれても全体にかかわれない，そのような経験をする学生がいるが，集団で保育を行うためには，常に，個々を見る目と，集団を見る目の両方を自分自身に育てていかなければならない。

一人ひとりの子どもは集団のなかで育つが，同時に，一人ひとりの子どもの育ちは，集団を高めることにもなる。個と集団は，どちらか一方が高まるものではなく，個人が高まれば集団も高まり，集団が高まればそのなかの個人も高まる。個と集団はそうした関係にあるのである。集団のなかに個人が埋没することがないよう十分に留意しなければならない。さらに，子どもが集団のなかで一人ひとりのよさが生かされるよう，友だちとかかわることができるような環境をつくることも考え，どのような集団をつくるのかを頭に描いて保育を進めることが必要になる。その集団は子どもたちにとって安心して自己の力を発揮できる場になっているか，その集団は互いに育ち合う場となっているか，そのような問いをもって集団をつくっていくことが大切になる。

引用文献

1）文部科学省『幼稚園教育要領解説』フレーベル館，2018

2）文部科学省『幼稚園教育要領解説』フレーベル館，2018

3）文部科学省『幼児理解と評価（幼稚園教育指導資料第 3 集)』ぎょうせい，2010，p.8

4）文部科学省『幼稚園教育要領解説』フレーベル館，2018

5）厚生労働省『保育所保育指針』フレーベル館，2017

6）文部科学省『幼稚園教育要領』フレーベル館，2017

7）文部科学省『幼稚園教育要領解説』フレーベル館，2018

参考文献

・新村出編『広辞苑（第 6 版)』岩波書店，2008

・岩田純一『子どもの発達の理解から保育へ―〈個と共同性〉を育てるために』ミネルヴァ書房，2011

・青木久子・間藤侑・河邉貴子『子ども理解とカウンセリングマインド―保育臨床の視点から』萌文書林，2001

・森上史朗・浜口順子編『幼児理解と保育援助』ミネルヴァ書房，2008

第2章 子どもの発達する姿をとらえる

子どもたちが遊んでいる姿は一見同じようでも，一人ひとりを見ると，そこで楽しんでいることやしようとしていることなど，経験している内容はそれぞれの子どもによって異なる。そして，そこには発達が深く関係している。

したがって，発達をとらえることは子どもにより近づき理解することになり，保育者の指導や援助につながる。本章では子どもの発達について考えていき，子ども理解（幼児理解）を深めていく。

発達とは

発達とはどのような姿をいうのであろうか。一般的には，体が大きくなった，歩けるようになった，自分で食事や排泄の始末ができるようになった，一人で洋服を着ることができるようになった，簡単な会話ができるようになったなど，身体の成長やできなかったことができるようになった姿を発達ととらえている。しかし，心理学の分野では，発達は受精してから死に至るまでの心身の変化の過程と定義されている。身体や運動能力が活発になった，身のまわりの始末などができるようになったなどの成長のほかに，老いていく過程も発達ととらえている。

本郷一夫は，発達について年齢による量的，質的変化だけではなく，獲得と喪失という2つの側面についてもふれている。たとえば，言語の面では，子どもが発する喃語（なんご）には世界中の言語で用いられる音の要素が含まれているといわれているが，子どもがその国の言葉を話せるようになると（獲得）その国の言葉に含まれる音声しか話せなくなる（喪失）。人間は獲得と喪失の2側面を繰り返しながら，発達していく存在である[1]と述べている。

それでは，発達にはどのような要因が影響しているのか。会津力によれば，身長や体重，骨格，神経組織などの身体的，生理的な成長は，個人が生まれつきもっている規定性に大きく影響されるので，成熟的要因によると考えられている。また，運動機能や言語，知識，機能，生活習慣などの習得や形成は，後天的，環境的要因に強く影響を受けて進歩する学習的要因が大きく影響しているものと考えられている。しかし，成熟的要因と考えているものでもそれだけではなく，実際は環境的要因にも影響を受けながら成長していく。また，学習的要因についても，その要因だけではなく一定の成熟のうえに成り立っている。このように発達にとって，成熟も学習も重要な要因であり，どちらか一方に偏向して発達は成り立たない。両者の相互作用によって，発達が継続されていくと考えられている[2]。

2-2 子どもの発達の特性

前節では，発達全般について述べたが，それでは，生涯のなかでもっとも変化の著（いちじる）しい乳幼児期の子どもの発達をどのようにとらえたらよいのであろうか。

（1）子どもの発達とは

幼稚園教育要領解説では，発達について「人は生まれながらにして，自然に成長していく力と同時に，周囲の環境に対して自分から能動的に働き掛けようとする力をもっている。自然な心身の成長に伴い，人がこのように能動性を発揮して環境とかかわり合う中で，生活に必要な能力や態度などを獲得していく過程を発達と考えることができよう」[3)]と示されている。ここでは，子どもは，一方的に教えられて発達していくのではなく，周囲の環境に子どもが主体的にかかわり，そのなかで子ども自ら発達していくものであるという発達観を示している。

子どもが自ら周囲の環境にかかわり，生活に必要な能力や態度などを獲得していく過程を発達と定義しているのは，子どもの特性が大きくかかわってくるからである。乳幼児は精神的には未熟であり，意志の統一が弱く，感情に左右されやすい傾向がある。また，目的意識が弱くしっかりしていない。そのため動作が衝動的になり，興味のないことにまで無理に注意を集中することは難しい。年齢が低い子どもほどその傾向がある。このような子どもの特性をふまえれば，保育者が一方的に知識や技術を教えるのではなく，子どもが興味・関心にもとづいた具体的な体験を通して，心を揺り動かしながら自ら学んでいくことが必要である。そのようななかで，生活に必要なさまざまな能力を身につけていくのである。保育経験の少ない保育者などは，子どもの予想外の行動に戸惑（とまど）うことが多くある。指導にあたっては，このような子どもの特性をとらえて柔軟な対応が必要になる。

（2）子どもの発達の特性

幼稚園教育要領解説では，幼児期の発達の特性として次の６つをあげている。

①身体が著しく発育するとともに，運動機能が急速に発達する時期

子どもは，身体的運動機能の発達と精神的機能の発達とが互いに深くかかわり合う相互作用によって発達していく。とくに，低年齢の段階においては，運動能力の発達はきわめて重要な意義をもっていることに留意する必要がある。

②自分でやりたいという意識が強くなる一方で，信頼できる保護者や保育者などの大人にまだ依存していたいという気持ちも強く残っている時期

子どもが自立していく過程では，自我が芽生え何でも一人でやりたがる。しかし，必ずしも思い通りにできるわけではなく，困ったことが起きたときには，信頼できる保護者や保育者へ援助を求めてくる。このように，子どもは保護者や保育者を心のよりどころとし，行きつ戻りつしながら次第に自立へと向かっていくことを十分理解する必要がある。

③具体的なものを手がかりにして，自分自身のイメージを形成し，それにもとづいて物事を受け止めている時期

子どもは，自分なりのイメージをもって友だちと遊ぶなかで，物事に対する他者との受け止め方の違いに気づくようになる。はじめは意見の食い違いからぶつかり合いもあるが，次第に友だちの考えを聞いたり，刺激を受けたりしながら，交流する楽しさを感じ取れるようにしていくことが大切である。

④信頼やあこがれをもって見ている周囲の対象の言動や態度などを模倣（もほう）したり，自分の行動にそのまま取り入れたりすることが多い時期

この対象は，はじめは保護者や保育者などであるが，やがて，好きな友だちに広がっていく。子どもの人格的な発達，生活習慣や態度の形成などにつながっていく。したがって，保育者のモデルとしての役割は重要といえる。

⑤環境と能動的にかかわることを通して，まわりの物事に対処し，人々と交渉する際の基本的な枠組みとなる事柄についての概念を形成する時期

⑥他者とのかかわり合いのなかで，さまざまな葛藤やつまずきなどを体験することを通して，将来の善悪の判断につながる，やってよいことや悪いことの基本的な区別ができるようになる時期。また，幼児同士が互いに自分の思いを主張し合い，折り合いを付ける体験を重ねることを通して，決まりの必要性などに気付き，自己抑制ができるようになる時期。

保育所保育指針では，乳幼児の発達を乳児，１歳以上３歳未満児，３歳以上児と年齢で分け，各時期における発達の特徴や道筋などを保育の内容の基本的事項に示し，見通しをもって保育することの必要性を述べている。以下は，保育所保育指針の各時期の基本的事項に示されている発達に関する記述である[4)]。

＜乳児＞

乳児期の発達については，視覚，聴覚などの感覚や，座る，はう，歩くなどの運動機能が著しく発達し，特定の大人との応答的な関わりを通じて，情緒的な絆が形成されるといった特徴がある。これらの発達の特徴を踏まえて，乳児保育は，愛情豊かに，応答的に行われることが特に必要である。

＜１歳以上３歳未満児＞

この時期においては，歩き始めから，歩く，走る，跳ぶなどへと，基本的な運動機能が次第に発達し，排泄の自立のための身体的機能も整うようになる。つまむ，めくるなどの指先の機能も発達し，食事，衣類の着脱なども，保育士等の援助の下で自分で行うようになる。発声も明瞭になり，語彙も増加し，自分の意思や欲求を言葉で表出できるようになる。このように自分でできることが増えてくる時期であることから，保育士等は，子どもの生活の安定を図りながら，自分でしようとする気持ちを尊重し，温かく見守るとともに，愛情豊かに，応答的に関わることが必要である。

＜３歳以上児＞

この時期においては，運動機能の発達により，基本的な動作が一通りできるようになるとともに，基本的な生活習慣もほぼ自立できるようになる。理解する語彙数が急激に増加し，知的興味や関心も高まってくる。仲間と遊び，仲間の中の一人という自覚が生じ，集団的な遊びや協同的な活動も見られるようになる。これらの発達の特徴を踏まえて，この時期の保育においては，個の成長と集団としての活動の充実が図られるようにしなければならない。

上記の保育所保育指針に示された乳児，１歳以上３歳未満児，３歳以上児の姿を発達の過程としてとらえたならば，保育の見通しや活動の予測にもとづいて計画的に指導を行い，ゆとりをもって援助することができるであろう。

このような，子どもの発達の特性に留意し，子どもの発達の実情に応じた指導，援助をすることが発達を助長することにつながる。

（3）発達を促すもの

子どもの発達を促していくためには前述した子どもの特性をふまえ，次のような環境を整えていくことが大切である。

第1に「情緒的に安定できる生活」であろう。安定した情緒のもとでこそ能動的に環境とかかわり，自己をのびのびと発揮し自分の世界を広げていくことができるのである。

幼稚園や保育所などにおいては，とくに人的環境である保育者との温かな関係が大切である。保育者との信頼関係を基盤に自分の居場所を確保し，安心感をもってやりたいことに取り組むことができるのである。

第2に「能動性を発揮できる環境」がきわめて大事になる。興味や関心をもったものにかかわろうとする子どもの特性から，能動性が十分に発揮されるような具体的な遊具や用具，素材などの対象や時間，場などが用意され，友だちとじっくり遊び込める環境が必要である。

子どもは，興味・関心をもった遊びを繰り返すなかで，ものの性質や仕組みなどに気づき，より能動性を発揮していく。たとえば，新聞紙を丸めて筒状にし，剣をつくって遊ぶ姿を見るが，最初は平面の紙を丸めることで剣がつくれることを楽しんでいる。しかし，繰り返し遊ぶなかで，素材を新聞紙から広告紙に変え，より剣づくりに適した素材を見つけだして遊ぶようになっていく。このように，能動性を発揮しいろいろなことを体験できる環境が重要となる。

第3に，環境との相互作用

によって発達に必要な経験を積み重ねていくためには，「発達に応じた環境からの刺激」が必要となる。子どもが人的環境あるいは，物的環境にはたらきかけたとき，それらが適切に応答すると，手ごたえを感じたり効力感を感じられたりすることによって好奇心が呼び起こされる。

発達を促すためには，活動の展開によって柔軟に変化し，子どもの興味や関心に応じて必要な刺激が得られるような応答性のある環境が欠かせない。

河邉貴子は，子どもにとってもっとも必要な経験として，次の５つをあげている。

①周囲の大人から愛されている経験
②心身ともに，自由にものや人にかかわる経験
③心を揺り動かされる直接体験に出会える経験
④自分の思いを表現することの喜びを味わう経験
⑤他者とのかかわりを通して人とかかわる喜びを味わえる経験

このような体験は子どもの興味・関心のある事柄や環境に自ら進んでかかわることによって生みだされる遊びのなかにある[5)]と述べている。このようなことからも，前述した「情緒の安定」「能動性の発揮」「発達に応じた応答性のある環境」が遊びのなかで保障されることによって子どもの発達が促されていくといえる。

2-3 一人ひとりにみる発達の姿

子どもが自己を十分に発揮し，生活と遊びが豊かに展開されるなかで乳幼児期にふさわしい経験が積み重ねられるよう，保育の内容を充実させていくことは大事なことである。保育経験の豊富な保育者は，これまでの経験から，ある年齢やある時期における子どもが生活する姿の一般的な傾向をとらえることができるようになる。たとえば，友だちとの関係では，3歳児は友だちへの関心が高まっており一緒に遊んでいるように見えるが，実際は平行遊びも多く，友だちと協力し合いながら遊びを進めていくことはむずかしいことを認識している。また，入園当初のように新しい環境になじむまでの子どもの傾向も，ある程度予想が立つ。泣いてなかなか母親と離れようとしない，不安で遊べないなどの子どもがいても，これまでの経験から子どもたちが徐々に自分らしさを発揮して遊べるようになることを見通すことができる。このように保育者は，子どもたちの発達の傾向をとらえることによって，子どものさまざまな姿を予想し，ゆとりをもって保育にあたることができる。

しかし，発達の姿を到達目標と解釈し，子どもたちを指導したらどうであろうか。子どもによっては無理を強いられることになり，一人ひとりに応じた指導は難しいものとなる。一般的な発達の傾向とは，多くの子どものさまざまな姿を集めて，そこから導きだしたものである。たとえば4歳児になると日常生活での言葉でのやりとりが不自由なくできるようになるが，なかにはまだ自分の気持ちを言葉でうまく相手に伝えることができず，友だちを叩いてしまうといった行動をたびたび起こす子もいる。仲間とのつながりが強くなる子たちがいる一方で，友だちの遊びに関心がなく，一人で遊ぶことを楽しんでいる子もいる。反対に，同学年の友だちとの遊びでは飽き足らず，年長児に交じって遊んでいる子もいる。このように一人ひとりに目を向けると，一般的な発達の傾向はあっても，一人ひとりの発達はさまざまである。したがって，子どもの育つ道筋やその特徴を踏まえ，発達の個人差に留意して援助しなくてはならない。また，一人ひとりの心身の状態や家庭生活の状況などを踏まえ，ていねいに対応することが大切である。

第 1 節で述べたように，発達は，個人が生まれつきもっている成熟的要因と，子どもがこれまで育ってきた家庭環境のような後天的，環境的要因が相互に影響し合いながら継続されていく。子どもの生活経験や興味・関心はそれぞれ異なるため，その子独自の個性をもつ発達状況にいる。その子どもらしい見方，考え方，感じ方，かかわり方など一人ひとりの子どもの特性に応じ，その子の発達にとってどのような経験が必要かといった発達の課題に即して，必要な経験を得られるように指導を行うことを重視しなければならない。一人ひとりの内面を理解しようと努めながら，その子どもが自分の力でよりよい方向に向かって歩きだせるように援助していくことが大切である。

子どもの発達と遊び

子どもが身近な周囲の環境とかかわるなかで，生活に必要な能力や態度を自ら獲得していくという発達の過程は，具体的には生活や遊びのなかで経験するものである。つまり，子どもは遊ぶことによって発達が促され，また，発達が大きく関係して遊びが展開されているといえる。ここでは，子どもの発達と遊びの関係について述べていく。

代表的な遊びの理論については，次のような説がある。

①子どもの遊びは大人の行動の型を学習して，将来の生活に適応するように準備する活動とする生活準備説
②遊びは，過剰精力のはけ口であるとする余剰エネルギー説
③遊びは，抑圧された情緒や欲求や葛藤を解消させる浄化反応とする浄化説
④もともと遊ぶ能力をもち，生まれつき与えられた本能的な欲求によって遊ぶという本能説
⑤子どもは種としての人類がこれまでたどってきた発達の過程を，遊びのなかで個体として反復するという反復説

などさまざまであるが，とくに乳幼児を対象とする遊びについての研究は，必ずしも十分とはいえない。しかし，幼稚園教育要領に，遊びを通しての指導を中心としてねらいが総合的に達成されるようにすることを重視して教育を行わなければならないと示されているように，子どもの遊びがたんなる遊びではなく，深い意味をもっていることがわかる。

子どもの遊びは，子どもが環境とかかわりながら行う，自由で，自発的で，自己目的的で，よろこびや楽しさ，緊張感を伴う全人的な自己表出・表現活動であ

るといわれている。遊びのなかには，

①身体的運動機能を促す。
②知的発達を促す。
③社会性の発達を促す。
④自発性・自主性を発達させる。
⑤望ましい人格形成を促す。
⑥子どもの感受性を通して豊かな人間性を育成する。

など，多様な教育的価値あるいは機能・役割がある。さらに，子どもの遊びは幼児期特有の学習ともいわれている。子どもは，このような遊びのなかでさまざまなことを学習し，心身の調和のとれた全体的な発達の基礎を築いていくのである。

子どもの発達と遊びの関係を見てみよう。前述したように，子どもは遊ぶことによって発達が促され，また，発達が大きく関係して遊びが展開されている。子どもたちの遊びを見ると同じ遊びでもその子の興味・関心によって遊び方が異なることに気づく。それは，発達の違いといえる場合もある。たとえば，お店屋ごっこで一緒に遊んでいる子どものなかには，店で売る品物づくりを楽しんでいる子もいれば，お客である友だちとのやりとりや，売り買いの仕組みに関心をもち楽しんでいる子もいる。このような子どもの姿に対して，どのように援助すればよいかを考えるとき，子ども一人ひとりが何を楽しみ，何を経験しようとしているのか，発達の視点をもってその子を理解することが大切になってくる。

それでは，次の5歳男児の事例「僕の大事な泥だんご」と4歳児と3歳児の女児の事例「泥だんご競争」の遊び方を比べて見てみよう。事例1，事例2は同じA保育所で観察した事例である。

僕の大事な泥だんご

5歳児　7月

アキラは友だち数人と園庭の隅で泥だんごをつくりはじめる。泥山から自分の手の大きさの塊を取り，50まで数えながら握り続ける。数え終わると次は，「ぎゅっぎゅっ」と声にだしながら握る。そして，今度は100まで数えながら自分の泥だんごを見つめたり，まわりの遊びを眺めたりしながら握る。数え終わるとヒサシに「まだ硬くならないよ」と声をかける。ヒサシは「あっちの白砂をか

けるんだよ」と言ってほかの遊びに行ってしまう。アキラは，ヒサシに言われた場所に行き，白砂をかけ泥だんごをなでる。そのあとアキラは，泥だんごをつくるのを中断しヒサシたちのセミ取りに参加する。しかし，アキラの左手にはしっかりと泥だんごが握られ，ときどきなでている。

しばらくしてアキラはセミ取りを止めて，「そろそろこいつ大きくしないと」とつぶやき，また泥だんごづくりを続ける。そして「よし，これでいいぞ」と言って築山（土砂などを用いて山に見立てて築いたもの）に登り，「見てて，転がすから」とヒサシたちに言うと，泥だんごを転がす。泥だんごは壊れない。ヒサシたちが「うわー，すげー」と歓声をあげる。アキラは，「ちっとも壊れない。1個も壊れないよ」「壊れてないから頑丈だよ」「ぶつかっても壊れないよう」と何度も自分の泥だんごを自慢する。

事例1を読み解く

アキラの泥だんごの遊びは，いかに壊れない硬い泥だんごをつくるかということに関心が向けられている。それはアキラの泥だんごづくりの過程から読み取ることができる。泥だんごを50まで握り，さらに100まで握り，そのうえに「まだ硬くならないよ」とヒサシに助言を求めている。このような努力を重ねてついに，「よし，これでいいぞ」と納得し自分に言い聞かせるように言っている。

また，築山のうえから転がしたあとのアキラの姿からも，その内面をとらえることができる。アキラがつくった，転がしても壊れない泥だんごを見た友だちが歓声をあげると，それを受けて「ちっとも壊れない。1個も壊れないよ」「壊れてないから頑丈だよ」「ぶつかっても壊れないよう」と，いかに頑丈な泥だんごであるかを何度も自慢している。この様子からも壊れない丈夫なものをつくることに集中して取り組んでいたことが想像できる。転がしても壊れない泥だんごを完成させた達成感や満足感が，友だちに認められることでさらに大きくなっていったのだろう。これらの言葉が友だちに向けられたものであるなら，自分自身と友だちの両方に言っていたともとらえられる。

泥だんご競争

4歳児，3歳児　8月

園庭では，異年齢の子どもたちが思い思いに遊んでいる。築山では，5歳児が泥だんごを転がし遊んでいる。

サワコ（4歳）が保育者と一緒に泥だんごをつくりはじめる。しかしサワコの手は，泥の塊を少し握ったままでいる。しばらくすると，サワコは保育者に「泥だんごつくって」と頼む。そこにミヨコ（3歳）が泥だんごづくりに加わる。しかし，ミヨコも泥の塊を少し握った状態からあまり手を動かさない。そしてミヨコも保育者に「泥だんごつくって」と頼む。保育者が泥だんごをつくり2人に手渡すと，サワコが「泥だんご競争をしよう」と提案する（サワコの言う泥だんご競争とは，築山から泥だんごを転がし，壊れないほうが勝ちというルールである）。

2人は保育者と一緒に築山に移動し，泥だんご競争を始める。1回目は，サワコ，ミヨコ，保育者の順番で転がす。サワコの泥だんごだけが壊れてしまう。サワコは「割れちゃった」とつぶやき，保育者を連れて泥山に行く。泥の塊をもつが，それ以上進まず保育者に「だんごつくって」と頼む。保育者は泥だんごをつくり，「今度は割れないといいね」と言ってサワコに渡す。

再び築山に戻り，泥だんご競争を再開する。2回目は順番ではなく，同時に泥だんごを転がそうとサワコが提案する。「せーの」で転がすと，保育者の泥だんごだけが壊れてしまった。サワコは「私の勝ちー」，ミヨコは「やったね」と声をあげてよろこぶ。

3回目の競争も同時に転がそうとサワコが提案する。「せーの」で転がすと，今度はミヨコの泥だんごが壊れてしまう。ミヨコは「あー，割れちゃった」と残念そうに言う。サワコは「やったー，割れていない」とよろこぶ。3人で泥山に戻り，保育者がミヨコの泥だんごをつくる。

事例2を読み解く

4歳のサワコは，はじめ泥だんごをつくろうとする。しかし，サワコの手は，泥の塊を少し握った状態からあまり動かず，うまくつくれない。あとから遊びに入ってきた3歳のミヨコも，サワコと同様に泥の塊を少し握ったままで手を動かすことができない。2人の泥だんごをつくる姿からは，泥だんごづくりの経験が少なく，技術的には未熟であることが見てとれる。結局，サワコもミヨコも泥だんごをつくることへの関心よりも築山から転がすこと自体に興味があると思われる。そのため今は自分では泥だんごをつくろうとせず，何度も保育者につくってもらい転がすことを楽しんでいる。また，園庭で5歳児が築山で泥だんごを転がして遊んでいる姿を，サワコとミヨコは見ており，泥だんごを転がして遊ぶこと自体に関心をもったとも考えられる。

事例1，2から遊びと発達を考える

事例1「僕の大事な泥だんご」（5歳児）と事例2「泥だんご競争」（4歳児，3歳児）の2つの事例を比べてみると，どちらも同じように築山から泥だんごを転がして遊んでいるが，泥だんご遊びへの興味や関心の向け方の違いを読み取ることができる。

5歳のアキラの関心は，いかに壊れない硬い泥だんごをつくれるかということに向かっている。築山のうえから転がしたあと，「ちっとも壊れない。1個も壊れないよ」「壊れてないから頑丈だよ」「ぶつかっても壊れないよう」と何度も自分の泥だんごを自慢する様子から考えると，壊れない丈夫な泥だんごをつくることができて達成感を感じているのであろう。一方，4歳のサワコと3歳のミヨコの2人は，自分では泥だんごをつくらず何度も保育者につくってもらい転がしている。そして，泥だんごが壊れないかどうかを楽しんでいる様子である。2人は，泥だんごを築山から転がすこと，壊れるか壊れないかということに関心があると思われる。

この2つの事例からも，子どもを理解し援助していくためには，子どもが遊んでいる姿を見て，今何に興味，関心をもっているのか，どのような経験をしているのか，何をしたいのかなど発達をとらえて子どもの内面を読み取っていくことがきわめて大事なことである。

幼稚園教育要領では，「幼児の自発的な活動としての遊びは，心身の調和のとれた発達の基礎を培う重要な学習であることを考慮して」と遊びが発達を促すことを示している。また，フレーベルが遊びを「発達の最高段階」といっているように，子どもが興味を示すもののなかには，その時期の発達にとって重要なものが含まれている。そのため，子どもが一生懸命に取り組んでいる遊びのなかにこそ，その子どもの現在の発達の姿を見ることができるのである。一人ひとりの子どもの発達の特徴と遊びをとらえることによって子ども理解（幼児理解）は深まり，その子の発達課題に応じた援助ができるといえる。

引用文献

1）本郷一夫編著『発達心理学－保育・教育に活かす子どもの理解』建帛社，2007，p.2
2）会津力「成熟と学習」深津時吉・会津力・小杉洋子『発達心理学－乳児期から児童期までの発達のすがたをとらえる』ブレーン出版，1998，p.14
3）文部科学省『幼稚園教育要領解説』フレーベル館，2018
4）厚生労働省編『保育所保育指針』フレーベル館，2017
5）河邉貴子『遊びを中心とした保育－保育記録から読み解く「援助」と「展開」』萌文書林，2005，p.161

参考文献

・村山貞雄・岡田正章編著『保育原理（5訂版）』学文社，2004
・小田豊・湯川秀樹編著『保育内容 環境』北大路書房，2011
・文部科学省編『幼児理解と評価（幼稚園教育指導資料　第3集）』ぎょうせい，2010
・塩美佐枝編著『保育内容総論』同文書院，2010
・無藤隆・中坪史典・西山修編著『発達心理学』ミネルヴァ書房，2010

第3章 子どもを理解するための保育者の姿勢

子どもを理解することは，「みる」ことか始まる。しかし，「みる」という漢字が「見る」「視る」「観る」「診る」「看る」と何通りもあるように，みるということは深く広い意味をもっている。

保育者は，子どもをよりよく理解しようという思いから視覚だけでなく，すべての感覚を通して子どもの内面をみることが求められる。

本章では，保育者に求められる姿勢について考えていく。

肯定的にみる

ここでの「みる」は保育者が子どもの姿を受容し，共感的に寄り添う姿勢について学ぶ。

「肯定的にみる」という言葉には，よくないことをよいように解釈するようなイメージがあるかもしれないが，そうではない。しかし，ここでは，子どもの思いを読み解こうとする保育者の姿勢ととらえることとする。子どもを見つめ，子どもを理解しようとする，その思いこそが保育者の姿勢として大切である。

（1）事例から学ぶ

保育経験の浅い保育者は，集団からはずれる子や一人でいる子を，遊べない子ととらえてしまうことがある。2年目のN保育者の記録を通して，N保育者のシンジに対するかかわりとシンジの様子から，保育者の姿勢として大切なことを考えてみよう。

遊びが見つからず何となく過ごしているシンジ

4歳児　5月

入園して1か月以上たち，手のかかる子どもたちが落ち着いてきた。ようやく全体をみる余裕も少しでてきた。最近はシンジのことが気になる。今まで気にならなかったのは，泣いたり集団から逸脱（いつだつ）したりするような行動をとらないし，身のまわりのことは自分でできていたからであろう。保育室内に設定された鉄道玩具やブロック，ままごとコーナーなどにはほとんど興味を示さない。誘ってみたが外へ行ってしまう。自分から保育者とのかかわりを求めてくることもない。

外で何をするともなしに過ごしているように見える。

学年主任（同学年の担任）に相談すると，一緒に行動してみたらよいのではとアドバイスを受ける。

母親に家庭での様子を聞いてみると，幼稚園をいやがっている様子はないということである。高いところが苦手であったが，最近ジャングルジムに興味をもっているようだとも言っている。

園庭に出てシンジと一緒にジャングルジムや滑り台などのまわりを歩いてみる。シンジは小走りで園庭の滑り台のほうに行き，ふっと立ち止まり，何かをじっと見つめている。シンジの目の高さでシンジの見つめる先を見る。それは，アリが数十匹，滑り台の支柱の天辺（てっぺん）に向かっている様子である。シンジは「アリさんってすごいね。こんなにちっちゃいのに，こーんなに高い滑り台，怖くないのかなー」とつぶやく。そして，保育者のほうを見て同じ言葉を繰り返し言う。

入園当初は，泣いたり幼稚園を嫌がったり，集団から外れたりする子どもたちの対応で，保育者が何人いても足りないくらいである。5月も半（なか）ばを過ぎる頃には，子どもたちも園生活に慣れて落ち着きはじめる。この頃になると，保育者は今まで気づかなかった子どもの姿がみえてくる。

N保育者は，シンジのことが「遊べない子」「元気がない子」と気になりだした。とくに興味をもっておもちゃで遊ぶわけでもなく，外で何となく過ごしているように映ったのである。

学年主任に相談したり，家庭でのシンジの様子を聞いたりしながら，シンジと行動をともにすることでシンジを理解しようとする。そこで，N保育者は，何となく過ごしているように映ったシンジの思いを理解することができた。

シンジは，ジャングルジムに挑戦しようと園庭に出たもののきっかけがつかめず躊躇（ちゅうちょ）していたのである。その姿を，N保育者は「遊べない子」ととらえたのであろう。またシンジは，小さいアリが高い滑り台の支柱を登っているのを見て，自分と重ね合わせ感動している。

N保育者は，自分がシンジのことをよくみないで「遊べない子」と勝手に決めつけていたことを深く反省した。この日をきっかけに，N保育者自身がシンジを「小さなことにもよく気づき興味や関心をもつ子」「おもしろい発想をする子」という見方をするようになる。シンジは，毎日ジャングルジムに挑戦するようになり，また，思ったことや気づいたことをN保育者に自分から話すようになった。

子どもの行動は，保育者の見方によってその姿が違ったものになる。子どもは肯定的に受け止められると，安心してさらに自分らしさを発揮していけるようになるといえる。

（2）事例から考える

記録時の状況

9月の上旬，保育者は，夏休みに北海道に旅行に行ったお土産（みやげ）として買ってきた手動のオルゴールを子どもたちに紹介した。それは，手でぜんまいを巻くと「小さな世界」のメロディーが流れるものである。保育者は，子どもたちにも自分の手でオルゴールのぜんまいを巻く体験をさせたいと考えた。

子どもたちは，我先にと列をつくり，順番にオルゴールを操作し，メロディーが聞こえることをたしかめている。レイジは園庭に行くが，ときどき，オルゴールのことを気にして戻ってきては順番の列の様子をうかがっている。

僕にもオルゴールやらせて

4歳児　9月

●場面1　ようやく，僕の番がきた

ケンイチは，何回も何回もオルゴールのねじを巻き，オルゴールを眺めたり耳元に近づけたりしてメロディーを聞く。そして，ケンイチはオルゴールをピアノのふたのうえにのせ「先生，オルゴール，ピアノのところへ置いといたよ」とベランダにいる保育者に報告し園庭に出て行く。入れ替わりにレイジが，保育室の入口に靴を脱ぎすて，オルゴールの置いてあるピアノをめがけて走ってくる。ところが，急いで手に取ろうとしたはずみで，オルゴールを落として割ってしまう。

●場面2　どうしよう，こわれちゃった

子どもたちはその場に集まってきて，茫然（ぼうぜん）と立ちつくすレイジに向かい，「あーあ，壊れちゃった。レイジくんが落として壊しちゃった」と責めるような言い方をする。ケンイチも「先生の大事なお土産なのに」と強い口調で言う。ヨシオは「もーっ，僕はまだオルゴールやってなかったのに」と，壊れたオルゴールとレイジを交互に見つめ，レイジをにらむ。

●場面 3 先生は，僕の気持ちを知っている

保育者は，「レイジくん，けがしなかった」とレイジの肩に手をかけた。そして「これ，ガラスみたいで危ないから片づけるね。ほら，みんなもバックバック」とその場を離れるよう声をかけ，片づけはじめる。そして，「レイジくんもオルゴールやりたくて，外から見ていたのよね。ピアノのうえにあるのを見て，走ってきたら，滑って転んじゃったのよね」と言う。そしてレイジの顔を見ながら，「それでオルゴールも落ちて割れちゃったのよね」と確認するように言う。

●場面 4 先生ごめんなさい，みんなごめんね

少し沈黙が続いたのち，ミドリがレイジに一歩近づき「レイジくん，オルゴール，まだやってなかったの？　早くやりたいと思って，走って来て，まちがえて落としちゃったの？」と，小さい声で保育者の言葉をなぞるように言う。レイジはしばらくそのまま動かなかったがゆっくりとうなずく。ケンイチも「まちがえて落としちゃったんだ」とレイジのほうを見て言う。ヨシオは「あーあっ，僕もオルゴールやりたかったのに」と残念そうにつぶやく。すると突然レイジが「先生，ごめんなさい」と言う。保育者は，レイジの肩をポンポンと軽くたたきながら「オルゴールやれなくて残念だったね」と静かに言う。レイジは「みんな，ごめんね」と，そこにいる子どもたちのほうを見て言う。

演習

- 場面1　記録時の状況から場面1に至るまでの，レイジの思いを考えてみよう。
- 場面2　オルゴールが割れ，友だちから責められるレイジの思いを，レイジの立場になって考えてみよう。
- 場面3　あなたが保育者だったら，どのようにかかわったであろうか。また，事例の保育者のかかわりをどのように考えるか話し合ってみよう。
- 場面4　その場にいた子どもたちのレイジに対する思いが変容した原因について考えてみよう。また，レイジの思いの変容についても考えてみよう。
- 最後に　肯定的に子どもをみる保育者の姿勢について，考えをまとめよう。

事例を理解するためのヒント

手動のオルゴールは，子どもたちの興味をかりたてた。どの子どもも，早く自分の手でオルゴールを操作してみたいと思ったのであろう。レイジは，なかなか順番が回ってきそうにないその場の状況を判断し，外で遊ぶことにしたと考えられる。そして，しばらくしてから，ピアノのうえに置かれているオルゴールを見つけて走って行ったのである。早くオルゴールを手にしてみたいとはやる気持ちが，運悪く転んでオルゴールを取り損ねて割ってしまうという結果になってしまった。呆然（ぼうぜん）と立ちつくすレイジはどんな思いであったろうか。「先生にしかられる」と思ったかもしれない。また，オルゴールを壊してしまってどうしようという思いと，自分もオルゴールを操作してメロディーを聞いてみたかったという思いから，言葉もでず動くこともできない状態に陥ってしまったに違いない。

そのとき，保育者は，レイジが割れたオルゴールの破片でけがをしなかったかとレイジを案じるやさしい言葉をかけている。さらに，レイジもオルゴールの順番が来るのを外で遊びながら待っていたことなどを，さりげなくその場にいる子どもたちに伝えている。レイジがオルゴールを落として割ってしまったという事実だけを見て，レイジを責めたてていたケンイチも，保育者のそのときの対応から，レイジの思いを察することができたのであろう。

レイジは，まわりの様子から次第に心の落ち着きを取り戻している。そして，自分から，「ごめんなさい」とオルゴールを割ってしまったことを先生と友だちに素直に謝っている。

保育者は，レイジがオルゴールを落としてしまった事実を責めるのではなく，レイジのオルゴールに対する思い，そして割ってしまったときの思いを温かく受け止めている。このような保育者の姿勢によって，その場の緊張感と興奮状態が収まり，子どもたちが事の状況を冷静に受け止められる雰囲気がつくられたのであろう。

保育者が子どもの行為を肯定的に受け止めるということは，子どもが自分自身を冷静に見つめ，自分の行為を振り返って考えることにつながるのである。

肯定的にみることは受容的・共感的に寄り添うこと

子どもは，けんかやいざこざ，トラブルなどが生じたときに，その状況や結果だけをみて，自分の価値観で「いい」「悪い」などと相手を評価しやすい。たとえば，泣いている子どもはかわいそうで，殴った子どもが悪いなどと受け止めやすい。しかし，事の成り行きをよくみると，泣いている子どもが先にトラブルの原因をつくりだしていることもある。

保育者は，子どもが安心してそのときの思いを伝えられるようにかかわることが大切である。「いい」「悪い」ではなく，子どものそうせざるを得なかった思いを受容的・共感的に受け止める姿勢が必要である。子どもは，言葉によるコミュニケーションが不十分であるため，あらわれた行動やそのときの状態を保育者が理解しようと寄り添うことが大切である。この姿勢が肯定的にみるということにつながるのである。

3-2 活動（行為）の意味を考えてみる

子どもの行為をよく「みる」と，保育者が同じように環境を構成した場や提示した材料であってもあるいは遊びであっても，子どもは，保育者と同じように受け止めていないと気づくことがある。子どもによって，場所，人，ものとの出会いや受け止め方が異なるからこそイメージが広がり，遊びが楽しくなることも多い。

幼稚園教育要領では，活動は，子どもが環境にかかわって自ら展開するものとしている。しかし，保育者は，子どもの行為をみたときに，「もっとこうすればいいのに」「友だちが言っているのに気づかないのだろうか」など保育者自身のもっている価値観や基準で物事を考えてしまうことがある。子どもの姿を，保育者自身のとらえ方やほかからの情報をもとに，知らず知らずのうちに先入観をもってみていることがある。

子どもを理解するためには，保育者自身が子どもの行為に温かなまなざしで興味をもって関心を寄せることである。その行為は，子どもにとってはどのような意味があるのだろうか。たとえ保育者の目にはどのように映ろうとも，その子どもが見ているように，感じているように，保育者が見て感じ子どもの内面を理解しようとする姿勢が，ほかならぬ活動の意味を理解することにつながる。

（1）事例から学ぶ

次の事例は，製作コーナーで，棒に紙テープをつけているものである。ダイキの遊ぶ姿から，その活動の意味を考えてみよう。

事例3

紙テープ「わーっ，生きてる？」

4歳児　5月

保育室の製作コーナーには，こいのぼりをつけるのに使った棒（保育者がチラシを丸めてつくったもの）が置かれている。6～7人の子どもが思い思いに何かつくろうとしている。ハルは，画用紙の切れ端が入っているかごから，ピンクの画用紙を見つけ，マジックでハートの形を書こうとしている。思うように描けないのか，何度も何度も描き直している。「できた」とユナに見せると，ユナもハートを描く。2人は，それを棒の先につけ，どちらが誘うともなしに園庭に出ていく。

ケイスケは，棒を何本も手にして何か探している様子である。保育者に「長い紙，黄色とか」と言う。保育者は「紙テープのことかな？」と言いながら，棚から紙テープを取り出してケイスケに提示する。ケイスケは，「それそれ」と黄色の紙テープを使って，自分で40センチくらいの長さに切り，棒の先にセロハンテープでつける。できあがると，高く掲げ，ベランダから，園庭にいるヒロトとダイキに棒を振って見せる。

保育者は，黄色，青，ピンク，白の紙テープを40センチくらいに切り，箱に入れて製作コーナーに置く。数名の子どもが，ケイスケと同じように紙テープをつけて遊びだす。

ヒロトは，ケイスケと同じ黄色のテープを棒につける。ケイスケは，「ダイちゃんもつくれば……一緒に遊ぼう」と誘うが，ダイキは棒をもったまま黙っている。しばらくしてケイスケとヒロトは，「先，行くよ」と言い残して行ってしまう。ほかの子どもも，棒に紙テープをつけては，外に出ていく。ついに，製作コーナーにはダイキ一人になってしまった。

ダイキは，棚から白の紙テープを取りだし長く（2メートルくらい）切ろうとしている。そこへ，テープをつけようと戻ってきたハルは「長いと危ないよ」と言う。ユナは「ほら，ここにあるよ」とテープの入った箱を差しだす。ダイキは「いいの」と長い紙テープを棒につけた。そして，ベランダに出て立ち止まり，引きずる紙テープをじっと見ている。

ケイスケとヒロトが「ダイちゃん」と駆け寄ってきたそのとき，風が吹いてきて紙テープが宙を舞った。ダイキは思わず，「わーっ，生きてる」と言った。ケイスケとヒロトも思わず「おーっ」「長くしよう」と製作コーナーへ向かった。

製作コーナーのチラシを丸めた棒は，こいのぼり製作のときに使われたものである。ハルやユナのように自分の好みのスティックをつくり遊ぶ姿から，遊びや製作のためにおかれていたものであろう。

ケイスケは，その棒を目にしたときに，紙テープをつけようと思いついたのだ。保育者もまた，ほかの子どもたちも興味をもつことを予測して，紙テープを適切な長さに切り，製作コーナーに置いている。案の定，製作コーナーの子どもは，ケイスケの影響を受け，同じように棒に紙テープをつけて遊んでいる。

ヒロトは，ケイスケに誘われ，ケイスケと同じ黄色のテープを棒につけることで，友だちと同じようにする楽しさを感じていたのだろう。最初は，ハルとユナも棒にハートをつけて遊んでいたが，友だちの様子を見て，ハートの下に紙テープをつけようとしたと思われる。

友だちと同じような物をもって遊ぶことや，一緒に行動することは，楽しさの共有として大切な体験である。そのことも意図して保育者は，製作コーナーの環境に「棒」を置いたり，子どもの遊びの様子を見ながら「紙テープ」を提示したりしている。このように保育者は，子どもの必要感，興味・感心などに沿い，子どもの立場に立って環境を構成していくことが必要である。

しかし，ダイキは，ほかの子どもと活動そのものの意味が異なっている。仲よしのヒロトやケイスケと同じようにすることではなく，自分の興味を追及している。子どもは，一見同じように見える活動をしていても，興味をもっている事や実現しようとしていることは同じとは限らない。

保育者はまた，子どもとともに生活しながら，子どもが同じ場や活動のなかにあっても一人ひとりの言葉や行動とその場の状況などから，子どもが何に興味・感心をもっているかを感じ取っていくことも求められる。保育者は，一人ひとりの子どもにとっての「今ここ」での活動の意味を理解し，その活動を経験することが，子どもの成長にどのようにつながるか理解しなければならない。

（2）事例から考える

3歳児は，まわりの友だちのすることにも興味をもち，まねて同じようなことをして遊び，さまざまなことに取り組む。しかし，同じもので同じように遊んでいるように見えても，子ども一人ひとりのイメージは異なることもある。子どもにとっての活動の意味と援助について考えてみよう。

事例4

バスごっこ―「僕はタクシー」

3歳児　10月

●場面1 僕も「ブーブー」

園庭で，ヤマトが段ボール箱を車に見立ててなかに入り，走りだした。同じようにケンタロウも走りだす。ヤマトは，自分と同じように遊ぶケンタロウのそばに行き「ブーブー」と言う。ケンタロウはヤマトの顔を見て「ブーブー」と言葉を返す。

●場面2 バスだよ

園庭で遊ぶヤマトとケンタロウらの様子を見ていたヒロミが，ヤマトのところに走り寄り，段ボールを引っ張ってなかに入ろうとする。ヤマトはとっさに，「これはバス，バスだから，待ってて」と，花壇のほうを指さす。ヒロミを振り払い，ヤマトはケンタロウのそばに走り寄り，ケンタロウとすれ違うときに「バス，バスだよ」と言う。ケンタロウは「バス」と言いながら，向きを変えヤマトのあとについて走る。ヒロミはその場に取り残され2人の様子を見ている。

●場面3 バス停に止まってください

ヤマトとケンタロウは，園庭にラインカーで引かれたトラック上を，互いに反対回りに走りはじめる。これまでの様子をベランダから見ていた保育者は，乗せてもらえなかったヒロミのところへ行き，一緒に2人の様子を見ている。

しばらくして，保育者は，「バスの運転手さん，バス停に止まってください。ここバス停よ」とヤマトとケンタロウに声をかけながら，ライン脇の花壇の前に巧技台（こうぎだい）をもってきて置く。バス停で，ヒロミと手をつなぎ再度2人に向かって，大きな声で「ここバス停」と呼びかける。ヒロミも「ここバス停」と大声で言う。

ヤマトのバスが止まるとヒロミは「やっと来た！」と言いながら素早く段ボール枠の後ろに入る。いつの間にかバス停で待つ子どもが3人になる。しかし，ケンタロウのバスは，バス停に止まらず，ラインカーで引かれたトラック外の場所を走りはじめる。「乗せてー」「止まって」と言う子どもを見ながらも，ケンタロウは一人で走りまわる。

●場面４ ケンくんはタクシーの運転手

バス停で待っていたマコトが「先生，ケンくん，止まんない」と保育者に訴え，保育者の手を引いてケンタロウの近くに走り寄る。マコトは，黙ったままケンタロウのバス（段ボール枠）に乗ろうとする。すると，ケンタロウは，マコトを振り払うように「あっちで，手，手」と再び走りだす。少し離れたところでスピードを落としマコトのほうを振り向いてじっと見ている。その様子を見ていた保育者が「ケンくんはタクシーの運転手さんかな？」とケンタロウに向かって言うと，大きくうなずいてうれしそうに「僕はタクシー，マーくん，手をあげて」と，はっきりした声でマコトに向かって言う。

演習

●場面１・２　ヤマトとケンタロウの関係やヒロミの思いを考えてみよう。

●場面２・３　あなたが保育者なら，ヤマト，ケンタロウ，ヒロミの行為の意味をどのように受け止めかかわるであろうか。考えてみよう。

●場面４　マコトがケンタロウのバスが止まらないと保育者に言ってきたときに，あなたが保育者であるならどのようにかかわるかを考えてみよう。また，保育者がケンタロウの行為を受け止めて見守り，かかわる経緯を話し合ってみよう。

●最後に　「活動の意味を理解する」という保育者の姿勢についてまとめてみよう。

事例を理解するためのヒント

3歳児クラスのこの時期は，友だちのすることに興味をもち活動の幅が広がっていく。個々の興味で遊ぶことを中心としながら友だちのしていることの影響を受け，自分なりにイメージをもち遊ぶことが楽しくなってくる。

この事例の幼稚園は都市部にあり，住民は日常生活のなかでバスやタクシーを利用する。そのため，子どもが運転手になって遊ぶ姿はよく見られる。ヤマトは段ボール枠に入り，車のつもりで運転手になって走りはじめる。ヤマトは，同じように遊びはじめたケンタロウの様子を意識しながらケンタロウに向かって「ブーブー」とはたらきかける。ケンタロウが「ブーブー」と応えることでともに運転手であることを確認し合い楽しさを共感している。

その様子を見ていたヒロミは，何も言わずにヤマトの車に乗り込もうとする。乗せてほしいという思いを言葉ではなく行動であらわしている。このとき，ヤマトは自分の車は「バス」であるから，ヒロミにバスの停留所で待つようにという思いを伝えたかったのであろう。ヤマトは，最初から「バス」であったわけではなく，遊びの成り行きでヒロミが来たことから思いついたと考えられる。同じように遊ぶケンタロウには，「運転手」から「バスの運転手」となったことを言ってその思いを伝えている。ケンタロウも，ヤマトと同様に園庭のライン上を走るところから路線バスの運転手のイメージをもったのであろう。また，ヤマトは，ケンタロウと一緒に走ることが楽しかったのであろう。

保育者は，乗せてもらえなかったヒロミの「乗りたい」思いに応えるべく停留所を設定している。保育者が巧技台を置いた場所を，ヤマトはすぐにバス停と認識している。巧技台が置かれたところで止まったことからもそのことがわかる。そして，ようやくバスに乗りたいというヒロミの思いはかなえられた。このようにそれぞれのイメージで遊んでいるが，遊びながら活動の意味を友だちと共有することで，遊びが楽しくなっていくのである。新たな遊びをすることで新たな子ども同士のかかわりも生まれる。

一方，ケンタロウは，バス停で止まらず，自分なりにラインの路線から外れ動いている。ケンタロウにとっては，ヤマトと同じように遊んではいるが，運転手であることが楽しく，ラインにとらわれず思いのまま走っているのであろう。保育者は，ケンタロウの「あっちで，手，手」という言葉とその場の状況から，ケンタロウの「タクシーの運転手」という思いを確認し受け止めている。

3歳児は，自分の思いを言葉ではまだうまく表現できないことがある。その場の環境や友だちから影響を受け，思いも変わり遊び方も変わっていくことがよくある。保育者が子どもの視点に立って，その子どものしている活動の意味を考え，言葉にして確認したり認めたりしていくことが大切である。

ヤマトが始めた運転手の遊びは，ケンタロウにとっても魅力的であり，最初は，ヤマトと同じようにイメージをもち同じように遊ぶと思われたが，それぞれの思いは微妙に違っていたことが感じ取れる。ヤマトはバスの運転手となり，バス停で止まって友だちを乗せることを楽しんでいる。一方ケンタロウはライン上を走ることよりも，園庭を自由に走りまわる解放感と楽しさを味わっているのであろう。そのためにとっさに思いついたのが「タクシー」であったのかもしれない。

保育者は，子どもと生活をともにしながら，子どもが「なぜこのような行動をとるのか」「何に興味があるのか」を感じ取っていくことが必要である。目の前に起こる活動の全体的な流れだけを追うのではなく，周囲の状況や前後のつながりなどと関連づけて子ども一人ひとりの行為の意味を考えてみることが大切である。そうすることで，子どもの心の動きや活動の意味を理解することができ，一人ひとりに応じた適切な援助を考えることができるのである。

こうした活動は家庭や地域での経験にも影響を受けるので，保育者は家庭や地域社会での子どもの様子を知っていることも大切である。

子どもにとっての活動（行為）の意味は子どもの立場に立つことでみえてくる

保育者は子どもを自分の意図した方向に導こうとするあまり，そこから外れる子どもの行動を否定的に受け止めていないだろうか。あるいは，保育者の意図に沿った子どもの考えばかりを取りあげていることはないだろうか。

子どもは，保育者の要求や期待が大きすぎたり否定的に見られたりすることが重なると，保育者の顔色をうかがったりその場をとりつくろったり不安になったりし，自分らしさを発揮することができなくなる。

一方，保育者が，子ども一人ひとりの育ちつつある内面に目を向け，心の動きに応答しながらかかわると，子どもは，さまざまな物事へ興味や関心をもって意欲的に取り組み，自己を発揮して遊ぶようになる。

子どもは，自分の心の動きを保育者がどのように受け止め，どのように応じるかをよりどころとしている。環境とのやりとりのなかで，さまざまな出来事に心を動かし，ときには葛藤している。保育者は，活動の方向を示すのではなく，子どもにとっての「活動（行為）の意味」を読み解こうとする姿勢で，子どもの心の動きに沿いながらその思いを実現できる援助を考えることが必要である。

子どもの思考―気づき，発見　そして考える

年長児のヤスヒトの「だるまさんがころんだ」という声が園庭に響きわたっている。ヤスヒトは，言葉を早くしたり遅くしたり，抑揚をつけたりしている。遊び仲間の子どもたちは，ヤスヒトの言葉に反応して，それぞれに歩み方を考えたり止まったり，ポーズをとったりしている。一種の緊張感のなかで集中して遊びを楽しんでいることが伝わってくる。

そのとき，マナミが突然「"だるまさんがころんだ"は10だよ，ほら」と指折り数えながら「だ・る・ま・さ・ん・が・こ・ろ・ん・だ」と，言いはじめる。そして，みんなで一斉に唱和する。「すごいね，マナミちゃん」「ほんとに10だ」「大発見」と興奮している。

しばらくして遊びが再開した。鬼役のヤスヒトは「1・2・3・4・5・6・7・8・9・10」と言ってみんなのほうを振り返った。2回目も同様に「1・2……」と言って振り返ったとき「何だかへん？　みんながすぐ前に来ちゃう」と言って考え込む。すると，ダイキが「"だるまさんが"より，いち，にい，さん……はいっぱい言わなきゃいけないからね」と説明する。今度は，みんなでゆっくりと，指を折りながら「い・ち・に・い・さ・ん・し・い・ご・お・ろ・く……」と数え，「ほんとだね」「不思議だね」と確かめ合っている。

次に鬼役になったモエカは，「だるまさんが……」と「1・2・3……」を，そのときのみんなの様子を見ながら，巧みに取り交ぜている。仲間の子どもたちも，モエカの言葉をじっと待ち，いっそう集中して遊んでいる。

子どもは，遊びのなかで，子どもの視点からさまざまなことに気づき，感じ考えている。言葉や動きで表現している以上にさまざまなことを体験しているのであろう。子どもたちが目を輝かせ夢中になって遊ぶ姿を見ることは，保育者としてうれしい瞬間である。

長い目でみる

長い目でみるということは，今をみることを大切にしながら，時間的な幅をもって子どもの変容や育ちを期待しつつ見守るということである。

子どもにとって，幼稚園や保育所は，最初から楽しいところとは限らない。その場所に慣れ，自己発揮できるようになる道のりは子ども一人ひとりによって異なる。入園当初，泣いていたり不安そうに保育者のそばを離れなかったりしていた子どもが，園に慣れてくると，活発に行動したり発言したりすることはよくある。逆に，入園当初，保育者の話をよく聞き，行動できるととらえていた子どもが，実は，自分から遊びを見つけて取り組むことができずに，次第に不安な態度を示すようになることもある。

子どもは，園生活のさまざまな場面で変容していく。あまり変容が見られない子どもも，何かのきっかけで急に変容していくこともある。保育者がとらえていないところでも，子どもは着実に発達しているであろう。そこにも向き合おうとする姿勢が，子どもの心の世界に近づくことになる。保育者は，子どものありのままの姿を受け止める姿勢をもつことが大切である。

（1）事例を通して考える

次に示す２つの事例を「長い目でみる」という視点から考えてみよう。

１つ目の事例は，２年保育で４歳から入園したヒカルが，１年間ほとんど友だちとかかわらず，年長になったある日，自分からサッカーの仲間に入りたいと変容していったものである。

事例5

友だちとかかわらないヒカルの変容

2年間の変容を追って

●ヒカルの保護者の考え方

母親は「ヒカルは，家では本人の希望で習い事をしている。そのため幼稚園では自分の好きなことをしてリラックスしている。幼稚園へ行くのをいやがっているわけではないのでこのままでよい」という考えである。また「主人も子どもの頃ほとんど友だちと遊ばなかったので似ているのかもしれない。大人になれば大丈夫」と，とくに気にしていない様子である。

●場面1 ヒカルくん，ブランコが好きだね（4歳児の姿と保育者のかかわり）

4歳児　5～6月

入園当初，ヒカルは，目立たない存在であった。身のまわりのことは自分でできるし，集団からはみだす子どもでもない。友だちへの関心は薄いように思えたが，とくに手がかかるわけではなく2か月余りが過ぎた。よく見ると，ヒカルは一人でブランコに乗っていることが多い。しかし，ブランコに乗っていても友だちが「貸して」「順番だよ」と言うと，あっさりと譲り別の場所へ行ってしまう。保育室に戻り絵本や図鑑を手にしているが，ブランコが空くといつの間にか，またブランコに乗っている。クラスのみんなは「ヒカルくんはブランコが好きな子」と認識するようになっていた。

●場面2 友だちとかかわるきっかけをさぐる

4歳児　9～10月

保育者はヒカルのことが気になり，ヒカルと一緒にブランコに乗りおしゃべりをしたり，ほかの子どもたちがしている遊びに目が向くようにはたらきかけたりし，さまざまな遊びに興味がもてるよう試みるが，変容は見られない。

保育者は，ヒカルとかかわったときの様子を，降園前の時間に話題として取りあげ，ヒカルとクラスの子どもとのつながりのきっかけになればと考える。ときには，ヒカルを誘って遊びの仲間に加わり何とか遊びや友だちに興味をもたせようと試みるが，気がつくといつの間にか遊びから抜けてしまう。

●場面３ クラスの子どもたちに映るヒカルの姿

４歳児　12～１月

子どもたちは，「今日はヒカルちゃん，本を読んでいた。字，読めるんだね」「書けないとき字を書いてくれた」「虫のことよく知っているよ。聞いたらいろいろ教えてくれる」「ブランコすぐ貸してくれる。結構やさしい」「一人でサッカーやっていた」「どうして友だちと遊ばないのかな」などと，ヒカルの様子をよく見ているし気にしている。

また，子どもたちは，ヒカルのいつもと違う様子を保育者に伝えたり，ヒカルのことを話題にしたりしている。ときどき遊びに誘ったりもしている。

●場面４ 僕もサッカーやりたい（年長になった姿と，保育者のかかわり）

５歳児　６月

５歳児に進級した６月のこと，ヒカルは，保育者の上着の裾を引っ張りながら「僕もサッカーやりたい」と園庭でサッカーごっこをしている子どもたちを指さして言う。ヒカルから自分の思いを直接保育者に言ってくるのはめずらしいことである。保育者は，ヒカルと一緒にサッカーをしている子どもたちのところへ行き，ヒカルの肩をそっとたたく。すると，ヒカルは，「仲間にいれて」とはっきりした口調で自分から言う。子どもたちは，唖然(あぜん)としていたが，シュウジは「いいよ，僕たちのチーム一人少ないから，入って」と受け入れる。アツヒロは「僕たちのチームは青帽子，だからヒカルくんも青帽子」とヒカルを受け入れる。

ヒカルは，シュウジのチームの一員として一生懸命ボールを追いかける。試合途中，シュウジが「ヒカルくん，結構やるね」と声をかけると，目を輝かせうなずく。保育室に戻ったとき，保育者と目が合うと「今日，サッカー，おもしろかった」とにこにこしながら自分から報告する。

この日を境にして，ヒカルは自らサッカーごっこに加わり遊ぶことが増える。また，ほかの遊びに目を向けさまざまな遊びに取り組むようになっていく。

演習

●場面１　下線部のようなヒカルの姿をどのように理解し，どのように援助したらよいのか考えてみよう。

●場面２　下線部は，ヒカルに対しての保育者のかかわりである。保育者としての具体的な援助について考えてみよう。

●場面３　クラスの子どもたちとヒカルとのつながりを示す記述である。このことからクラスの様子を推察してみよう。

●場面４　下線部は，ヒカルが自ら保育者や友だちにはたらきかけていく記述である。ヒカルが変容していった経緯と保育者の姿勢について考えをまとめてみよう。

事例を理解するためのヒント

ヒカルは，自分の思いや感情をあまり表現しない子どもである。ブランコに乗って時間を過ごすことが多いので，一見ブランコが大好きなのかとも思えるが，「貸して」と言う友だちにはあっさりと譲るなど，ブランコに特別の執着があるようにも思えない。入園前，同世代の友だちとのかかわりがほとんどなかったヒカルにとっては，友だちがまわりにいること自体が落ち着かないことであったのかもしれない。ヒカルにとってブランコは，自分の世界を保てる居心地のよい場所であったのかもしれない。

保育者は，ヒカルのことが気になりさまざまな方法ではたらきかけてみるが，ほとんど変容は見られなかった。保育者は，ヒカルのことを見守っているというサインを温かく送り続けた。この姿勢がクラスの子どもたちにも伝わり，ヒカルの存在はクラスの一員として位置づけられた。クラスの子どもたちからも温かく見守られていたことがわかる。ヒカルにとって，環境に慣れ自分から友だちとの遊びに興味が向くようになるには，この長い時間が必要であったとも考えられる。

保育者は，子どもに思いを寄せながらも，「保育者として適切なかかわりができていないのではないだろうか」「本当に子どもは変容していくのであろうか」「保護者との連携をどのように図ったらよいのであろうか」などと暗中模索の毎日であり不安でもある。

一人ひとりの子どもによって環境に慣れ自分から動けるようになる時期やきっかけは異なる。保育者は，あせらずに長い目で子どもを見守ることが大切である。

２つ目の事例は，クラスのなかでも頼れる存在であったフミコが，思うように絵を描くことができず泣いたというものである。

事例6

私，絵，描けない

5歳児　10月

●幼稚園でのフミコの様子

フミコは4歳で幼稚園に入園した頃から，みんなのお姉さんのような存在であった。クラスの子どもたちもフミコを信頼している。自分の思うことを言葉で伝えており，そのうえ，まわりのことによく気づき手伝ったりやさしく声をかけたりする。身長も高く見た目の様子からも「お姉さん」と映るようだ。いつしか，フミコは，まわりから「頼りになる子」として受け止められていた。

●場面1 本当に走っているみたいね

10月のある日，昼食後に運動会の絵を描いているときのことである。ゲンがバトンをもって走っている絵を描いた。それは一方の膝が高くあがっている，動きのある絵であった。保育者は「わー，本当に走っているみたいね。ゲンくん，運動会でがんばったもんね」と言う。まわりにいた子どもたちも「すごーい，上手」とのぞき込む。「走っているときって，足を高くあげたり，腕を思いっきり振ったりするもんね」とゲンの絵を見て言った。

そのあと，絵を描きはじめた子どもたちはゲンの影響を受けて，膝や肘を曲げて描こうとしたり横向きの顔を描こうとしたり，それぞれに動きのある絵を表現しようと取り組む。

●場面2 私には描けない

遠目にその様子を見ていたフミコは，すでに描いてある絵を自分のロッカーに折りたたんでしまい，新しい画用紙をもってきた。そして，画用紙の中央に小さく女の子の顔と上半身を描くと絵を見つめたままじっとしている。

仲よしのリョウコが「フミちゃん，どうしたの」と言ったとたん，フミコは声を殺してすすり泣きはじめた。驚いたようにマサミチが「フミちゃんが，はじめて泣いた」と言うと，「どうしたの？」と数名が集まってくる。

●場面3 フミちゃん，どうしたの？

リョウコは「先生，フミちゃん，おなかが痛いみたい」という。保育者はうなずきながら「おなかが痛いのかもしれないね」とリョウコの言葉を復唱するように誰にともなく静かに言う。そして，フミコの肩にそっと手を置く。するとフミコは，今度は声をあげて泣き，机に顔を伏せて泣き続ける。フミコが泣いたことに驚いたように「どうしたの？」「どうしたの？」と寄ってくる子どもたちを制し，絵の続きを描くようにと促す。

演習

●場面１　ゲンの絵をほめる友だちや保育者の会話を聞いたときのフミコの思いを考えてみよう。

●場面２　フミコが，どうしてこのような行動をとったのか，フミコのこれまでの経験や育ちも含めて考えてみよう。

●場面３　保育者はフミコの姿をどのように受け止めているのかを推察してみよう。また，あなたはどのように対応しようと思うか考えをまとめてみよう。

事例を理解するためのヒント

フミコはゲンの絵に対する友だちの賞賛を聞き（場面１），ゲンのようにのびのびと表現できない自分を意識したことで，場面２のような行動をとったと考えられる。

フミコは，まわりのみんなからお姉さんのような存在として慕われ，それに応えていかなければならないという大きなプレッシャーを感じていたのかもしれない。人の期待に応えることが優先して，本来の自分をありのままに表現できなくなってしまっていたのではないかと考えられる。それが顕著（けんちょ）にあらわれたのが，フミコが自分の思うように絵を描くことができずに「泣く」という行為である。

クラスの子どもたちには，フミコが泣くということ自体が大事件であり驚きであったのであろう。保育者は，フミコが泣いたことを，マイナスではなくありのままの自分をさらけだしていくよいきっかけととらえている。保育者は絵のことには直接ふれずに，フミコのありのままの姿を受け止め，フミコの自尊心を傷つけないよう配慮している。

よく気がつく子や，クラスの子が頼りにしている子は，ときには，保育者にとっても頼りになる存在である。しかし，ともすると，常に人の評価を気にして人の意に沿う行動をすることで安心し，自分らしさを発揮しにくい状況をつくっていることもある。まわりも知らず知らずのうちに「頼りになる」と，さまざまなことを強要していることがあるかもしれない。子どもは成長過程で，多くの失敗や挫折を体験する。そのときにくやしさや悲しさ，怒り，痛さを表現することは重要である。それを克服する体験が生きる力となっていくのである。

成功体験は自信となるが，うまくいかなかったときにどのようにそのことに向き合うか，乗り越えるかという葛藤体験こそが，考える力，判断する力，克服する力，創造する力，想像する力となり精神的にたくましくなっていくのである。

保育者は子どもの表面にあらわれている一面だけでなく，子どもが自分らしさを素直に表現し，発揮しやすい雰囲気をつくり，子どもたちが存分に自己発揮できるよう援助していくことが大切である。

長い目でみることは，子どもに関心をもち続け見守ることである

保育者は，長い目で一人ひとりの子どもの育ちに期待をもって温かく見守りかかわることが大切である。一人ひとりの子どもが，自分から伸びていく力をもっている存在であることを信じ，子どもの感動や葛藤に心を寄せ，心の動きに応じた援助が求められる。

日常生活のなかで見られる子どもの姿は，必ずしも好ましいと思われるものばかりではないが，そのときの保育者の姿勢そのものが子どもに大きな影響を与えていることを忘れてはならない。子どもたちは，保育者が一人ひとりの子どもとどのようにかかわるかを見て，それをモデルとしている。

保育者が子どもの行為の意味を肯定的に受け止めることの大切さについては，本章の第2節でもふれた通りである。子どもの思いや要求にすぐに対応できるものもあるが，今のこの姿や行為があらわれたことが子どもの育ちのうえで大事であり，長い目で見守っていくことが必要なケースもある。保育者には，「今ここ」での子どもの体験が，その子どもの将来を見通したなかで，どのような意味があるのかを考えて対応すべき資質・能力が求められる。

保育者は，一人ひとりの子どもが大切な存在であることのメッセージを送り続け，温かいクラスの雰囲気をつくりだしていくこともまた忘れてはならない。

3-4 子ども理解のための カウンセリングマインド

（1）カウンセリングとは

カウンセリングには，さまざまな療法・技法や考え方がある。そのため，カウンセリングを一言で説明することは難しい。日本では，1960年代に，ロジャーズ（Rogers, C. R. 1902-1987）のクライエント中心療法が紹介されたことをきっかけとして，教育，福祉，医療，看護，産業界など，さまざまな分野で実践が広がった。

カウンセリングでは問題を抱えて相談に来る人のことをクライエントといい，クライエントとともに問題解決に携わる人をカウンセラーという。カウンセリングは，クライエントとカウンセラーの一対一の，設定された空間で行われる。

ロジャーズのクライエント中心療法では，クライエントが自分の問題に気づき，その問題を自分で乗り越えながら成長していけるように，カウンセラーが支援していくものである。このときカウンセラーはクライエントに指示をするのでなく，相手の話を「傾聴」し，「寄り添い」「受容」「共感」することが基本姿勢として重要であるとしている。

このカウンセリングの発展は，とくに教育界では目覚ましかった。これまでの生徒指導は，教員による説教が中心であったが，ロジャーズのカウンセラーの基本姿勢を取り入れ，生徒の気持ちを受け止め理解しようとする教育相談的なかかわりへと変わったのである。現在では，教育界においてカウンセリングというと，このロジャーズの療法を参考としたものを指すことが多いと思われる。

そのあと，いじめ，不登校，校内暴力など教育現場で深刻化する問題に対応するため，1997（平成9）年には，文部省（現文部科学省）によってスクールカウンセラー事業が開始され，今では多くの学校にスクールカウンセラーが配置され，問題を抱えた生徒のカウンセリングが行われている。

幼稚園や保育所では，以前から，保育者の気づきや保護者からの相談に応じて，教育相談センターや専門の機関などと連携し，子どもがカウンセリングを受けられるよう図っている。それは遊戯療法といわれるカウンセリングである。そこには，保育室と同じように子どもが自由に遊べるよう，クレヨン，粘土，紙類，人形，積み木，ブロックなどの遊具やままごと道具やトランポリン，マットなどが設定されている。また，子どもが安心して遊べるように心理療法家が付き添う。そこで，子どもが自己表現して遊ぶなかで，心の安定を取り戻し成長につなげていくという療法である。

最近，区市町村の公的な行政機関や団体組織が保育カウンセラーを導入しているところもある。保育カウンセラーは，保護者が子育てを前向きに受け止めていけるようにという保護者対象の相談や支援だけでなく，保育者が日々の保育を見直し，改善し，保育者の資質向上を促していくための相談の役割も担っている。さらに，保育カウンセラーは特別支援を要する子どもの早期発見と早期対応にも必要とされている。保育者と保育カウンセラーの協働は，これからの子育てにとって重要である。

（2）カウンセリングマインドとは

社会状況の変化により，子どもを取りまく社会環境や自然環境の変貌は，地域や家庭の教育力の低下を招き家庭内や親のストレスを増大させた。そして子どもの心身の発達にアンバランスを生じさせる状況をつくっている。

そこで，子どもを取りまく環境の変化に対応するため，1993（平成 5）年，カウンセリングマインドが，保育者の専門性として基本的に身につけるべき要素として示された。それは，文部省による「保育技術専門講座」のなかに述べられている。ここでのカウンセリングマインドもまた，ロジャーズのクライエント中心療法のカウンセラーに求められる基本姿勢からヒントを得ているといえよう。

もともと保育の場ではカウンセリングマインドという言葉は使っていないが，保育者の姿勢として，温かい心，肯定的な受け止め，共感などを大切にしてきた。その意味から，保育とカウンセリングは通ずるものがあるといえるのではないだろうか。

保育者は，その専門性から考えカウンセラーとは異なるが，子ども理解（幼児理解）や保護者理解をするうえで，カウンセリングマインドは，重要な基本姿勢となる。

　刻々と変貌する社会のなかで，保育者には今まで以上にカウンセリングマインドの精神が求められ「子育て」「親育て」を担う役割が期待されている。

自然を感じる―体験から生まれる言葉

3月のある日のこと

　保育者が，「さむいさむい」と肩をすぼめている3歳児のリナの手を引いて「あったかいとこ，みーつけた」と，ベランダのひだまりにしゃがむ。リナも「あったかい」と笑顔で保育者に言いしゃがむ。保育者が「日向ぼっこ」と言いながらマットを敷く。すると，ハヤトが「入れて」とやってくる。リナが「あったかぼっこだよ」と言うとハヤトも「あったかぼっこ」と答え，顔を見合わせて「ほんとにあったかい」と言う。

7月のある日のこと

　連日の真夏日，子どもにとってはうれしいプール日和である。舗装された園庭は，熱くなっている。遊戯室で準備体操を終え，真っ先に園庭に飛びだした5歳児のシンヤは思わず「あっちち」と声をあげる。保育者は「たいへん，たいへん」と，プールへの道しるべとして水をまいていく。シンヤは「プール行き，歩行者天国」と繰り返し言う。ほかの子どもたちも「プール行き，歩行者天国」と言いながらあとに続く。シンヤはプールの入口から，「今日のお庭はフライパンです。やけどに注意，歩行者天国を通ってください」とみんなにアナウンスをしている。

12月のある日のこと

　木枯らしに舞いながら，ビニール袋が園庭に着地した。袋が舞っている様子からずっと見ていた4歳児のミワは，袋を手にして走りだした。袋は空気をはらんで膨らんだ。ミワは思わず「つかまえた，風を」と声をだす。5～6人の子どもが保育室からビニール袋をもって来て，園庭を走りまわり「風をつかまえた」と膨らんだビニール袋を見せ合っている。みんなより大きな袋を両手で広げてもっていたタイチは「おーっ，風って重いよ，力もちだ」と，向かい風に顔をそむける。

　子どもは日常生活のなかで，なんと豊かな体験をしていることであろう。そこでの生活言語の豊かさにも驚かされる。子どもが健全に育つためには，ゆったりとした時間や場を保障することが大人（保育者）の責任であると改めて感じる。

参考文献

・文部科学省『幼稚園教育要領解説』フレーベル館，2018

・文部科学省『幼児理解と評価（幼稚園教育指導資料　第 3 集）』ぎょうせい，2011

・高嶋景子・砂上史子・森上史朗編『子ども理解と援助』ミネルヴァ書房，2011

・青木久子・間藤侑・河邉貴子『子ども理解とカウンセリングマインド―保育臨床の視点から』萌文書林，2001

第4章
子ども理解の方法

本章では，子どもを理解する方法について取りあげる。「観察を通して理解する」「ともに活動しながら理解する」「記録を通して理解する」「保育者間の情報を共有しながら理解する」「家庭との連携を通して理解する」という５つの方法を具体的な事例を通して学び，子ども理解（幼児理解）を深めよう。

4-1 観察を通して理解する

ある小学校の先生の話である。人事交流により幼稚園の先生になった。小学校では，時間割に沿って教科書を使い，一斉の形態で授業をした。テストもあり，個々の学力も把握できた。しかし，幼稚園では，あちらこちらでいろいろな遊びをしていることに驚いた。何をしているのかもとらえられず，不安になって，子どもたちに「何をしているの？」「楽しい？」と聞いてまわった。すると一人の子どもが，「見ればわかるだろう」と言った。その一言にハッとした。見ればわかるのだ。改めて，観察の大切さを痛感したというのである。

筆者がその先生を研究会に招いたところ，保育室の隅からそっと子どもたちの遊びを見守っている。柱の陰から耳をそばだてて，子どもたちの言葉を聞き逃すまいとしている。その先生の話と観察する姿勢に，観察の真意があると感じた。

単に子どもを見ることが観察ではない。よく見て，よく聞くことで，表面にあらわれた子どもの行動や言葉から，子どもの内面をとらえることが，子ども理解（幼児理解）として何より大切なことである。

保育者の専門性の１つは，子どもの行動と内面を理解し，心の動きに沿って保育を展開することによって心身の発達を促すよう援助することであると，幼稚園教育要領解説に示されている[1)]。その専門性である，子どもの内面を理解することの第一歩が観察である。

（1）子どもの様子をじっくり見てみよう

すぐに声をかけたい気持ちを抑えて子どもの様子を見ることによって，子どもの思いが見えてくることがある。色水遊びの事例を通して，観察の大切さについて考えてみよう。

こうじゃないんだなぁ……

5歳児　7月

5歳児担任の保育者が，絵を描いたあとの絵具の筆やカップを洗いだすと，カオルたちが「色水したいから，この絵具使ってもいい？」と言って，カップに残った絵具をもってテラスに出て行った。テーブルにボウルやカップ，ペットボトルを並べ，色水遊びが始まった。保育者は道具を洗いながらその様子を窓越しに見ていた。カオルは「見て，オレンジジュース」とペットボトルに入れた色水を友だちによろこんで見せる。

しかし，モモコは「はぁ……」と大きなため息をつく。保育者はどうしたのだろうかと思い，テラスに出て行き，様子を見ることにした。モモコは困った表情をし，再び「はぁ……」とため息をつき，小さな声で「こうじゃないんだなぁ……」とつぶやく。保育者はモモコの後ろに回り，「どうしたの？」とそっと声をかけた。モモコは「スポーツドリンクがつくりたいんだけど……」と言う。そばに，スポーツドリンクのペットボトルがあった。

事例1を読み解く

窓越しに見ていた保育者は，モモコのいつもと違う表情，大きなため息を見逃さず，どうしたのかと不思議に思っている。すぐに声をかけるのではなく，そばに行って，さらによく様子を見ようとしている。近くに行ったことで，モモコの小さな声でのつぶやきも聞きとめることができている。さらに，保育者は自分の存在を目立たせないように，モモコの背後からどうしたのかを聞いている。

また，テーブルのうえを見ることで，モモコがつくりたいというスポーツドリンクのペットボトルがそばに置いてあることに気づいた。モモコが絵具を使い，何度か試したものの，自分のイメージ通りにできず悩んでいたことを察した。

5歳児の色水遊びでは，これまでの経験から，赤と白を混ぜるとピンクに変化するなど，混色を意識して色を混ぜるようになる。また，本物のようにつくりたいという思いも強くなってくる。

カオルはオレンジジュースのペットボトルにオレンジ色の水を入れている。ほかの子どもも，レモンジュースのペットボトルには水をたくさん入れた薄い黄色を，桃のジュースのペットボトルには白っぽいピンク色の色水を入れている。

モモコは自分の取ったスポーツドリンクのペットボトルのイメージに合うようにつくりたいがうまくできずに，葛藤していた。

保育者がモモコの「つくりたいの」の言葉を受け止め，「そう，つくりたいの」と繰り返すと，そばにいたカオルたちから，「じゃあ，ティッシュをちぎって入れてみたら」という提案がでる。モモコはその提案を受け入れることで，自分のイメージしたスポーツドリンクをつくることができ，満足感を味わうことになった。

子どもの表情の変化を見逃さない保育者の鋭い感覚で周囲の様子を見て，しっかり聞くことにより，その子が何を望んでいるのかを見きわめ内面を理解することができる。そのことが適切な援助につながり，子どもの思いの実現を図ることができる。

（2）観察の態度

保育室に観察者が入るだけで，その保育室はいつもとは異なる空間になる。子どもたちは日常とは違う雰囲気，大人の強い視線や威圧感を感じると委縮し，いつもの姿を見せなくなってしまうことがある。観察者はそのことをよく理解し，自分自身が人的環境であることを，常に意識することが重要である。

実習生も，子どもの行動や保育者のかかわり方などを観察によって学ぶことがある。次のような望ましい観察態度が求められる。

・保育の流れを変えてしまうような干渉はしない。担任の指導中は，子どもに話しかけたり，手を出したりしない。
・保育室では目立たない姿勢をとる。かがんだり，端のほうから見たりする。実習生同士での私語はしない。失敗を笑わない。
・壁に寄りかかる，腕組みをするなど，威圧的な態度をとらない。

（3）観察とは？

観察は，大きくは次のように分けられる[2)]。

●図表１　観察の種類

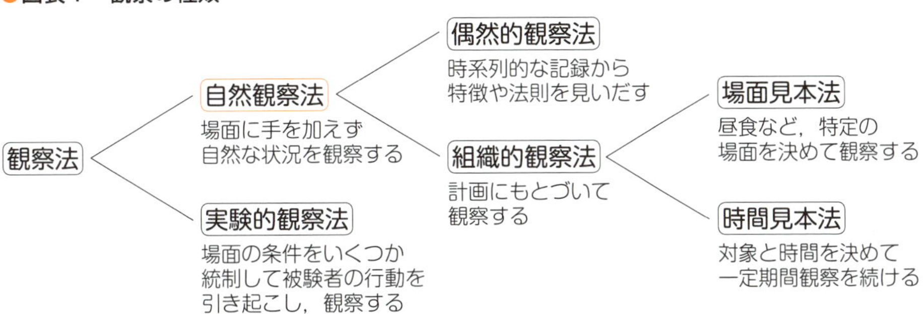

ここでは，保育現場で用いることが多い自然観察法について，とくに学んでおこう。

自然観察法では，園生活の自然な流れのなかで，子どもの様子を忠実にとらえることが大切である。また，観察者の主観を完全に除くことはできないため，その点を自覚したうえで観察に臨むことが求められる。このような観察法を活用しながら，クラス全体の傾向，遊びの取り組み，興味・関心，友だち関係，基本的な生活習慣などをとらえ，子ども理解（幼児理解）を深めていこう。

（4）友だち同士のトラブルの記録を活用して

続いて，トラブルの場面に焦点を当てた記録から，視点をもって観察することを学び，友だち関係のトラブルの質の変容を考えてみよう。

トラブルの場面を通して

①僕が使いたいんだ

4歳児　4月

ヨウジとカズマは，家が近く，母親同士が親しいことから，一緒に遊ぶことが多い。入園当初から，同じ遊具を使ったり，同じベルトなどを身につけたりして遊んでいる。

しかし，１つしかない遊具を「僕が使ってるんだ」「僕が使いたいんだ」と取り合いけんかになる。保育者は，双方の思いを受け止めながら，同じようなものを多く用意したり，交代で使うことを提案したりして援助を行った。

②一緒に遊びたいのに……

4歳児　11月

運動会以後，ヨウジは走ることが早いダイチに興味を示し，ダイチに近づいたり，遊びの仲間に加わろうとしたりするようになる。

ダイチはジロウと一緒に遊ぶことが多い。ジロウは「ダイチ隊長」と呼び，慕（した）っている。

ダイチとジロウが滑り台で遊んでいるところに，ヨウジが近づく。ダイチが滑るあとについてヨウジが滑ると，ジロウはヨウジのあとから滑り，「ヨウジ，早く行けよ」と強い口調で呼び捨てにし，ヨウジの尻を足で押す。ヨウジは着地すると，勢い余って，前のめりになって転び，泣く。

そばで遊んでいた子が「先生，ヨウジくんが泣いてるよ」と保育者を呼びに来る。保育者はヨウジのところに行き，理由を聞く。「ジロウくんに押されちゃったの？　いやだったね。そのこと，ジロウくんに言おう。先生も一緒に行ってあげようか？」と気持ちを受け止め，ヨウジとともに，ジロウたちのところに行く。ヨウジと保育者が近寄ると，ジロウたちはばつが悪そうな顔をして視線をそらす。

事例２を読み解く

①では，ヨウジとカズマの，入園前から続く親しい関係が記録されている。一方②では，ダイチの運動面のよさにあこがれたヨウジが，ダイチにかかわろうとすることで新たな関係が生まれている。もともとダイチと仲がよいジロウは，「ダイチ隊長」と呼ぶことからダイチに一目置き，慕っていると推測できる。また，ジロウが強い口調でヨウジを呼び捨てにしたうえ後ろから押した行動から，ヨウジがダイチと自分の仲に入ってくるのを不満に思い拒んでいることが読み取れるだろう。そしてダイチは，ジロウとヨウジのトラブルを止めようとしないことから，２人に慕われることを快く思っているのではないだろうか。

①②の記録からトラブルの質の変容を見ると，①は物の取り合いによるトラブルといえるだろう。②では，ダイチとジロウの仲にヨウジが入ろうとし，ジロウがヨウジを押しだそうとするという，友だち関係の変容によるトラブルだと考えられる。

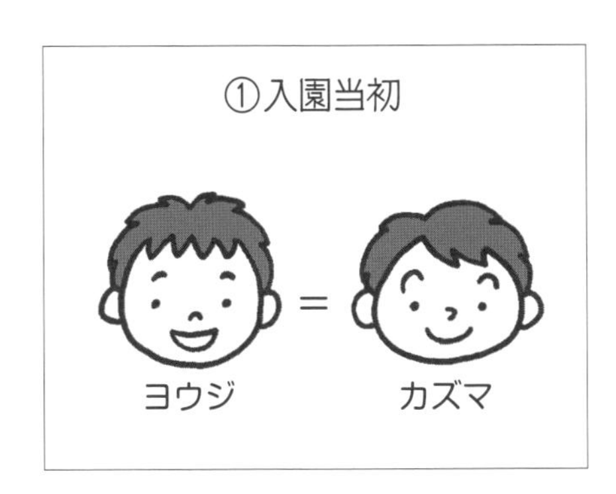

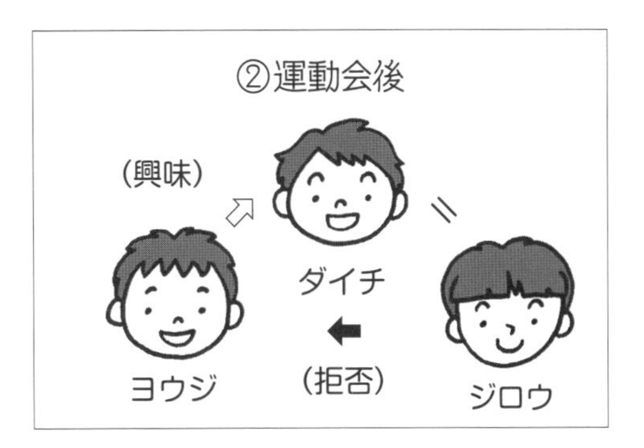

入園当初は，保護者同士が親しく，入園前からかかわりのある子ども同士や遊びの興味が似ている子ども同士が一緒に遊ぶ傾向がある。

11月頃になると，運動会を通して，走ったり体操をしたりといろいろな動きをすることから，友だちの動きがよく見えるようになる。その動きから友だちに興味を示したり，あこがれをもったりして，これまで一緒に遊ぶことの少なかった子に対して自らかかわろうするなど，友だち関係に変容が見られるようになる。

①のヨウジとカズマ，②のダイチとジロウのように，2人の友だち関係は，互いに引かれ合い，意思の疎通が図りやすく，比較的仲よく遊ぶ姿が見られる。

しかし，②のように3人になると新たな仲間を拒絶しようとしたり，力関係も生まれたりして，トラブルが生じることが多くなる。トラブルを悪いことだととらえるのではなく，このような体験を通して，相手にも思いがあること，自分とは異なる思いがあることに気づいていけるように，保育者が援助をすることが大切である。

このように，1つの場面に焦点を当てて，観察し，比較をすることにより，子ども理解（幼児理解）をより深めることができる。

4-2 ともに活動しながら理解する

観察は，子どもを理解するうえで大変重要である。しかし実際の保育の場では，保育者は保育を展開しているため，ともに活動しながら，一緒に遊ぶことのなかで，今，目の前の子どもたちを理解していくことが多い。

何をよろこび何につまずいているのか，観察だけではとらえられないことも，ともに汗を流しながら一緒に活動するなかでわかってくることがある。

ともに活動することで，子どものつぶやきが聞こえたり，楽しさやうれしさ，また，くやしさなどの感情を共感したりすることができるのである。

（1）子どもの葛藤に気づく

ともに活動しながら理解することの大切さを，サッカーごっこの事例を通して考えてみよう。

同じチームになりたいのに……

5歳児　6月

コウジたちは，最近サッカーごっこに夢中である。自分たちでゴールを準備して，チームに分かれて，30分以上も続けて遊び，汗びっしょりになって戻ってくる。

ある日，男児のほとんどが参加したので，担任の保育者も「入れて」と仲間に入った。仲のよいコウジとタケシは同じチームになり，2人はボールを追い，シュートを決めてはよろこび合っている。

しかし，相手チームのオサムは，コウジたちの早さに追いつけず，ボールにふれることができない。そのうちに隅のほうにかがみ，砂をいじりだした。保育者はオサムにパスをだし，「オサムくん，行ったよ」「パス，パス」と声をかけ，ボールを蹴るチャンスをつくる。オサムはハッとして転がってくるボールを蹴ろうとするが，空振りをしてしまう。

コウジたちのチームが得点を入れると，オサムは「コウジくんと同じチームになりたいのにさぁ……」とつぶやく。

事例3を読み解く

保育者は，自分たちで遊びを進め，30分以上も続いていることからみんながサッカーごっこを楽しんでいるものと思っていた。

しかし，保育者自身も一緒に遊ぶことで，オサムのように参加はしているものの力の差があり，興味を失いかけている子どもがいることに気づいた。

また，オサムの「コウジくんと同じチームになりたいのにさぁ……」というつぶやきからは，活躍しているコウジと同じチームになり，得点を入れるよろこびを共有したいという思いやコウジへのあこがれが感じられる。

子どもたちが一緒に遊んでいると，「遊びのかたまり」としてとらえがちである。ともすると，遊びの様子に目が向き，個々の子どもの様子を見失うことがある。同じ遊びのなかでも，一人ひとりの子どもの取り組みや興味は異なることが理解できる。

コウジたちのように，走力があり，ボールさばきのよい子たちはシュートを決め，意気揚々と取り組んでいる。チーム決めにも主導権を握っており，コウジとタケシは同じチームになることが多いようだ。その一方で，オサムのように，ボールの動きについていけないとボールを追うこともしなくなり，遊びそのものへの興味も失せていく。5歳児では，運動能力などの力の差を意識するようになる子どももいる。オサムは，サッカーをしたい気持ちと，ボールにさわれない不満を感じて葛藤しているのだろう。

保育者が子どもたちとともに活動するなかで，保育者自らかかわったり，はたらきかけたりし，肌と肌のふれ合いを通して，理解を深めていく。遊びのなかで，一人ひとりの子どもが何を感じているのか，何を経験しているのかを理解することが大切である。それと同時に，子ども間の力関係や遊びのルールの理解などを把握することも重要である。

（2）子どもの楽しんでいることに気づく

子どもの行動を見ていて，何を楽しんでいるのだろうと理解できないことがある。たとえばブランコに乗り，じっとうえを向いてこぎ続ける子ども。落ち葉を集め，抱えては投げあげる子ども。このように同じ動きを繰り返すことがある。

そのようなときは，保育者も同じリズムでブランコをこぎ，同じ角度で空を見あげると，青い空にポッカリと浮かんだ白い雲が目に入ってくる。よく見ると，熊のような形に見える。また，落ち葉を抱え，その子と同じリズムで落ち葉を投げあげると，カサカサとした落ち葉の感触，ヒラヒラと舞い落ちる様子がとらえられる。アッ，このことを楽しんでいるのではないかと感じる瞬間がある。

同じ向きで，同じリズムで，同じことを一緒に行うなかで，視覚，聴覚，触覚など感覚のすべてをはたらかせ，その子が楽しんでいることを感じ取ることができる。

保育者がこのように同じ動きをし，その子の気持ちを感じ取ろうと努力することを，子ども自身も感じ取っている。その結果，保育者と子どもの気持ちが通じ合い，共感することで，関係も深まっていくことになる。

幼稚園教育要領解説のなかでは，幼児と共鳴する者としての役割が，「幼児は自分の思いを言葉で表現するだけではなく，全身で表現する。幼児に合わせて同じように動いてみたり，同じ目線に立ってものを見つめたり，共に同じものに向かってみたりすることによって，幼児の心の動きや行動が理解できる。このことにより，幼児の活動が活性化し，教師と一緒にできる楽しさからさらに活動への集中を生むことへとつながっていく」[3]と示されている。

動きまわる子どもたち

児童精神科医の佐々木正美氏は，著書『子どもへのまなざし』のなかで，子どもたちの動きについて次のように書いているので紹介しよう。

動きまわる子どもをみる楽しさ
…（中略）…
この時期の子どもはたえず動いています。好奇心のかたまりのようで，雨上がりの日に連れ立って歩きますと，水たまりがあってもよけないで入ったりします。坂道や道端の築山のようなものや，だれかの家の階段があったりすると，わざわざ道草をくうように，のぼったりくだったりします。道の片面が土手なんかになっていると，子どもは土手をなんどものぼったりおりたりしながら，親といっしょにお使いや散歩についていくのです。
私たち大人は，土手の向こう側に「なにがあるのかな」と思う子どもの気持ちはわかるつもりでいても「どうしてそんなむだな動きをするんだ，一回のぼってみれば，たくさんじゃないか」と思うわけです。大人はたとえ土手の向こうが「どうなっているのか」と思ったとしても，一回のぼってみて「なんだ，こんなものか」と思えば，もう二度とのぼりたくないですね，それは疲れるだけのことですから。しかし，子どもは疲れないのです。そればかりか，斜面をのぼるそのことが楽しいのです。ふだんやりつけないことをすることが楽しいのです。
どのように注意しないと，すべって転がってしまうかもしれない，こうしないとしっかりのぼれない，上りと下りとでは，こんなにもちがうのだということを，子どもたちはいろいろ確認しながら，しかも，自分の運動機能を確かめながらやっているのです[4)]。

大人にとってはむだな動き，疲れる動きと思われることを，子どもたちは楽しんで行っている，確かめながら行っているということが読み取れる。
さらに，この文章は，「自分で考えたことを，安心できる大人に見守られながら，十分にやってみるという経験なしには，できるようにならないと思います」と続く。保育者はまさに，子どもにとって安心できる大人でなければならない。そばで見守り，ともに活動することで，子どもが何を楽しみ，何を確認しているのか，子どもの内面を深く読み取り，理解することが大切である。

4-3 記録を通して理解する

記録を残すことで，あとで読み直すことができる。そのことで，保育中には気づかなかったことに気づき，理解を深められる。また，記録を時系列で並べ長期間に渡ってみることによって，その子どもの変容の姿を発見することができる。その際，単に活動名を記すのではなく，どのように，何を経験しているのかをみて，記すことによって子どもの変容をとらえることができる。また，文字による記録だけでなく，ビデオなどで記録を残すことで，同時に複数の保育者の目で見直すことができ，より深い理解につながる。

（1）記録を通して理解するとは？

記録から理解を深めた事例を通して，記録の大切さについて考えてみよう。

4歳児担任の新任の保育者は，日々の保育に一生懸命である。10月が近づき，運動会に向けて運動に適した環境を設定しても，興味を示さないアキラのことが気になった。アキラは，好きな遊びをする時間には砂場遊びばかりで，なかなかほかの遊びに興味を示さない。保育者はこのままでよいのだろうかと悩んだ。そこで，週案や個人記録から，アキラの砂場での様子をとらえてみることにした。

いつも砂場での遊びでいいのかしら……

4歳児　4月～10月

●保育者の記録から

4月中旬：砂にふれることに抵抗。遊びに誘い，カップの型抜きをつぶしたり，型抜きをしたりして一緒に遊ぶ。笑顔がでて，砂への抵抗は薄らいだようである。これまで，砂で遊ぶ経験がないようだ。

4月下旬：自分から砂場に行くようになる。砂を丸めて「おだんごができた」と見せるようになる。硬く丸めることができるようになってきた。

5月中旬：素足になって砂場に行く。溜めた水のなかに足を入れて，水の冷たさや心地よさを感じているようだ。

5月下旬：ケンタと一緒に遊ぶようになる。砂場で山や川をつくったり，水を流したりしてよろこんでいる姿が見られる。

9月中旬：年長児のまねをして，ヒューム管を使い，トンネルが崩れないように工夫する。

記録から見えるもの

保育者は記録のなかから，はじめは砂に抵抗を示していたアキラが，しだいにサラサラした砂の感触や水と混ざって硬くなる砂の特性，水の冷たさなどを感じて工夫したりする姿を読み取った。また，まわりの人とのかかわりにおいても，保育者に泥だんごを見せたことが認められたという思いにつながったのだろう，徐々に友だちとかかわったり年長児のまねをしたりと，ここでも変容の過程を発見しよろこびを感じた。

アキラは製作においても，同じものを何度も繰り返しつくることが多かった。繰り返し取り組むことで，はさみやテープの使い方を身につけていく。そして，満足すると次のものへ興味を示すことにも気づいた。

そして，アキラが満足するまで砂場遊びを経験させることが大切であると思うとともに，運動遊びの展開の仕方を工夫する必要があると考えた。

記録をとることの大切さ

同じ活動でも経験している内容が異なることから，単に「砂場での遊び」と活動名を書いていたのでは，アキラの取り組みの様子がわからない。何を楽しんでいるのか，何を経験しているのかを文字化することが重要である。読み直したときに変容がわかり，理解を深めることのできる，「記録」が大変役立つのである。

（2）ビデオを活用した子ども理解について

先の事例は，週案などの紙ベースの記録の大切さを述べた。ここでは，ビデオなどの映像による記録の大切さについて考えてみよう。先のアキラの5月頃の砂遊びの場面での事例である。

僕が使ってたのに……

4歳児　5月

砂場から泣き声がするのに気づき，担任の保育者は砂場に行った。アキラは保育者の顔を見ると，「僕が使ってたのに……。ハルくんが取った」と泣きながら訴える。ハルオは手にローラー型の遊具をもって「僕が使ってたんだぞ」と言う。そばにいたケンタは「アキラくんがもってたんだよ。ハルくんが引っ張って取ったんだ」と言う。

保育者はその様子を見ていなかった。アキラとハルオの言い分は異なるが，小柄なアキラが大柄で力の強いハルオから遊具を取ったとは思えなかったため，ハルオに「同じものはないのかしら。ハルくんこれじゃだめ？」と別のローラーに似た遊具を見せた。すると，ハルオは「僕が使ってたんだ。それじゃなきゃいやだー」と怒って砂場から出て行ってしまった。

ビデオの記録からみえるもの

ハルオがローラーをもって遊んでいる姿をビデオで見て，保育者はハッとした。

ハルオがバケツをもちあげるときに，ローラーを砂のうえに置いた。アキラは，ハルオがもっていたローラーだと気づかず，それをもって遊びだした。

ハルオにとっては，ちょっと置いただけで，自分はまだ使っているつもりなのである。アキラにとっては，誰も使っていない，目の前のローラーに興味をもっただけである。ケンタの言う通り，アキラがもっていたローラーを引っ張って取ったのはハルオである。3人の言っていることは，すべて正しいことがわかった。

保育者はトラブルのきっかけを見ていないので，泣いているのはアキラ，アキラがハルオから取ることはしないであろう，取ったのはハルオであろうという，先入観や思い込みでかかわってしまったのである。保育者が直接見ていなかった場面でも，お互いが納得できるかかわりが必要であった。

このことでハルオは，保育者に自分の思いを受け止めてもらえない，ローラーも使えないという不満やくやしさから，泣いて出て行ってしまったのだと考えられる。保育者は，自分のかかわりを深く反省した。

録画された映像は事実を忠実に，細部まで再現することができる。それを，客観的に見て，自分自身の保育や子ども理解（幼児理解）を振り返ることができるよさがある。

また同時に多くの保育者が見ることができるため，みんなで意見を出し合うことによって，自分一人ではない，多面的な読み取りができ，子ども理解（幼児理解）を深められるよさもある。

（3）写真を活用した子ども理解

ビデオで録画された映像は，子どもたちの姿がそのまま映っているのでリアリティはあるが，情報量が多く，改めて映像をすべて見ると撮った以上の時間を必要とする。また，よい映像を撮るためには，人手も必要となる。ビデオを固定しておくこともできるが，いつの間にかそこで遊んでいた子どもがフレームから外れていたり，遊びが終わっていたりすることがあり，意図したものと違う場合もある。

その点カメラは，小型化，軽量化，デジタル化され，手軽に扱える。撮影してすぐにその場で確認することも，加工して印刷することもできるメリットがある。撮った写真を時系列に並べてみると，コマ撮りのようになる。そこに，コメントを加えれば，視覚に訴えるわかりやすい記録を作成することができる。

また，保育者が記録として活用するだけでなく，カメラを子どもたちに与えてもいい。子ども自身がつくった遊びの場や作品，さらには自然物，自然現象など発見したものを写真に撮る。撮影した写真はプロジェクターなどで映し出し，ほかの子どもたちに披露するといったように，子ども同士が経験を共有することもできる。

「今日は大型積み木を使って基地をつくって遊んだんだ。楽しかった」「かっこいい基地でしょう。ドアがパタンと倒れないようにしたんだ」「アゲハの幼虫を発見した，触ると赤いツノ出して臭くなるの」などと，映された写真を見ながら，自分自身の思いを言葉で表す機会になる。

子どもならではの写真は，大人には気づかない視点があり，そこには子どもの思いや発想が表れている。その思いを読み取ることは，保育者にとって，子ども理解を深める貴重な機会であり，子どもの見方・考え方を知るための資料にもなる。

（4）記録の種類

実習録では，「観察」として見たこと，聞いたこと，あったことなどの事実を書く。「考察」として考えたこと，思ったこと，感じたことなどを書く。このように，分けて書くようになっている。しかし，週案や個人記録では，事例のような，考察を含めたエピソード記録のように書くこともある。

次に，すぐに実践できる記録の取り方について紹介したい。

①個々の様子を記録する

●図表 2

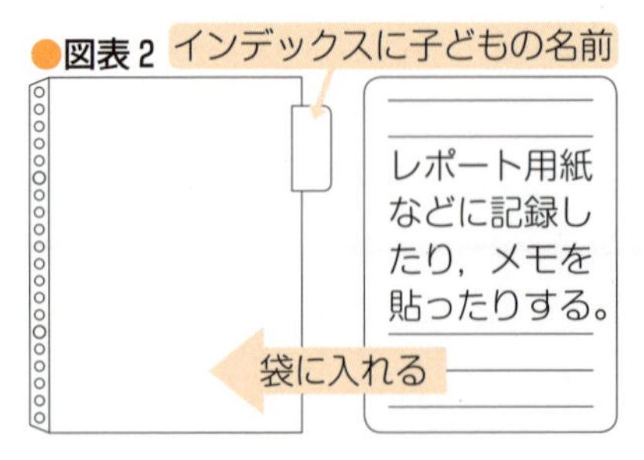

子ども一人ひとりの様子を記録するためには，名簿を活用して，一覧表に誰が何をしていたかを記録するとよい。保育中や保育後，気づいたことを何でも書きとめておき，その記録をもとに個人記録としていく。ノートに書きつづるのもよいが，クリアファイルなどで整理する方法は大変手軽にでき，実践しやすい（図表２）。保育中の子どもの様子のほか，個人面談のときの保護者の言葉など，あらゆる情報を記録していく

とよい。

このような個々の子どもの記録が，指導要録の記入（参照：第6章第2節（6）「指導に関する記録」の記入に向けて）の際に，必要となる。

②遊びのまとまりをとらえる

①の名簿を活用した方法では，遊びのまとまりができてくると，罫線などがあるため書きにくくなる。そこで，遊びのまとまりを図示する方法を紹介しよう。

●図表3

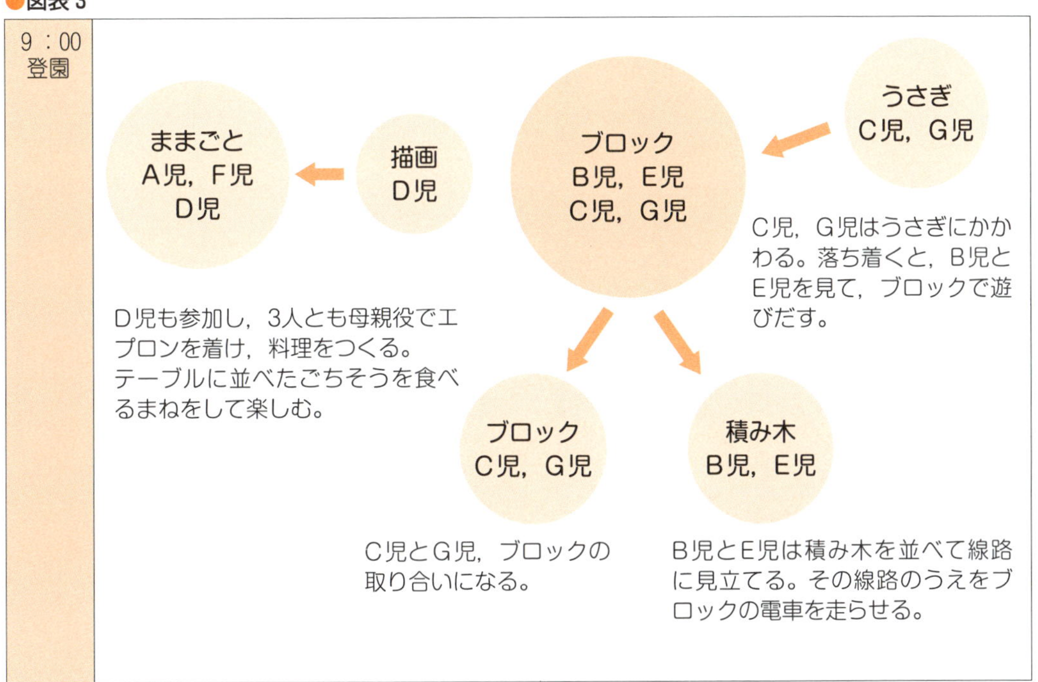

これらは，クラスの子どもがどこで誰と遊んでいたかを把握することができる簡単な方法である。子どもの名前だけでなく，どのような様子だったかも書き加えるとよい。

幼稚園教育要領解説では，活動の理解者としての役割として，「時間の流れと空間的な広がりを理解すること」の大切さが示されている。「時間の流れとは，幼児一人一人がこれまでの生活や遊びでどのような経験をしているのか，今取り組んでいる活動はどのように展開してきたのかということである。…（中略）…空間的な広がりとは，自分の学級の幼児がどこで誰と何をしているのかという集団の動きのことであり，これらを理解するには，個々の幼児の動きを総合的に重ね合わせ，それを念頭に置くことが大切である」[5] と示されている。

このような，時間的な流れと空間的な広がりを把握できる記録の取り方を工夫することが大切である。

③誰がどこで遊んでいるのかをとらえる

続いて，保育室の環境構成図を書き，誰がどこで，誰とどのようにして遊んでいたかを記録した例を見てみよう（図表４）。②の方法よりも環境構成図が入ることで，「どこで」が明確になるよさがある。また，その日のねらいを達成するために，保育者が意図した教材などをどこに用意したかも記入するとよい。子どもがかかわった様子や遊びの展開を記入する。さらには，今日の保育を明日の保育へ，どのようにつなげようとするのか，その日の反省や明日はどのようにしようと考えているのかを記入するとよい。

図表４の環境構成図は，経験１年目の保育者が，毎日保育後，反省として書いた記録の一部である。クラスの子どもたち全員の名前を記入することを心がけ，誰がどこでどのように遊んでいたのかをとらえようと工夫したものである。

●図表 4　環境図による記録（4 歳児　9 月）

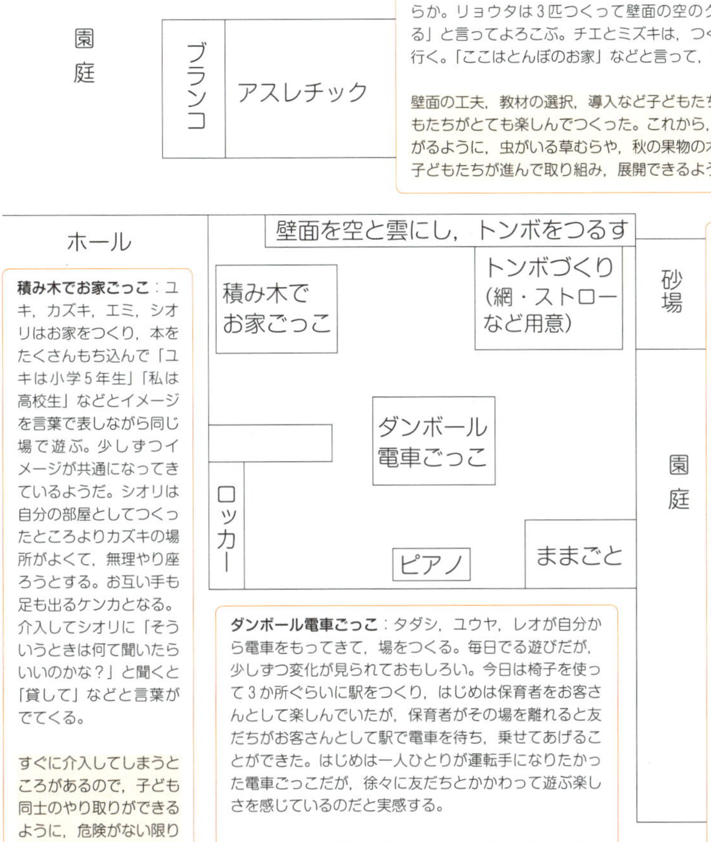

トンボづくり：壁面を青空にして白い雲を浮かべ，保育者がつくったトンボを一匹，クリップでぶら下げておいた。製作コーナーには，トンボをつくれる網や包装紙，ペットボトルの蓋，テープなどを用意した。その環境の変化にリョウタがすぐに反応し，包装紙を丸め，トンボをつくりはじめる。リョウタの姿を見て，製作になかなか興味を示さなかったミエとマドカも参加した。包装紙を丸めた経験があり，自分たちでつくれる簡単なものであったからか。リョウタは 3 匹つくって壁面の空のクリップにぶら下げ，「飛んでる」と言ってよろこぶ。チエとミズキは，つくったトンボを手にもって外に行く。「ここはとんぼのお家」などと言って，アスレチックに置く。

壁面の工夫，教材の選択，導入など子どもたちの実態に合ったからか，子どもたちがとても楽しんでつくった。これから，さらに壁面を使って遊びが広がるように，虫がいる草むらや，秋の果物の木などがつくれる環境を設定し，子どもたちが進んで取り組み，展開できるように考えていきたい。

積み木でお家ごっこ：ユキ，カズキ，エミ，シオリはお家をつくり，本をたくさんもち込んで「ユキは小学 5 年生」「私は高校生」などとイメージを言葉で表しながら同じ場で遊ぶ。少しずつイメージが共通になってきているようだ。シオリは自分の部屋としてつくったところよりカズキの場所がよくて，無理やり座ろうとする。お互い手も足も出るケンカとなる。介入してシオリに「そういうときは何て聞いたらいいのかな？」と聞くと「貸して」などと言葉がでてくる。

すぐに介入してしまうところがあるので，子ども同士のやり取りができるように，危険がない限りはもう少し見守っていけるように努力したい。

ダンボール電車ごっこ：タダシ，ユウヤ，レオが自分から電車をもってきて，場をつくる。毎日でる遊びだが，少しずつ変化が見られておもしろい。今日は椅子を使って 3 か所ぐらいに駅をつくり，はじめは保育者をお客さんとして楽しんでいたが，保育者がその場を離れると友だちがお客さんとして駅で電車を待ち，乗せてあげることができた。はじめは一人ひとりが運転手になりたかった電車ごっこだが，徐々に友だちとかかわって遊ぶ楽しさを感じているのだと実感する。

夏休み明け，友だちとのかかわりがとりもどせるよう，時間と場を確保しよう。

砂場遊び：エリナ，ショウスケは台車にいっぱい泥をつくり，そこに手を入れたりお玉を入れたりして泥の感触を楽しむ。コウイチは銀のお盆に砂を入れて「ピザです」と保育者に差しだす。「もっと野菜とか具がいっぱいのピザがいいな」と保育者が近くにあった草をちぎって上に置くと，「わかった」と言って自分なりに草をきれいに並べて，またもってきてくれた。ハルキ，シュンジ，ユウナは砂場の枠を線路に見立て，ヒューム管をトンネルにして並べ，電車が落ちないように走らせることを楽しむ。

草花を使って工夫したり，友だちとかかわって線路をつくったりする姿を認め，クラス全体にも話をした。ほかの子どもたちの刺激になり，自分もやってみたい，またやりたいという気持ちがもてるようにしていきたい。

反　省

夏休み明けのためか，話を聞くときに落ち着かない，所持品の始末がいい加減なことがある。友だちとの再会のよろこびを受けとめつつ，話が聞けるように，話の間，声のトーン，椅子に座らせるなど，工夫をしていこう。片づけ，所持品の始末も一人ひとり確認していこう。また，注意の仕方（全体の前で注意しない）も気をつけていきたい。

新しい鬼ごっこをした。導入に紙芝居やペープサートを使ったところ，子どもたちの興味をひきつけることができ，簡単なルールを理解し，言葉の掛け合いを楽しんでいた。明日以降も好きな遊びのなかで行い，子どもたちのものになるようにしていきたい。

これまでの経験を生かし，また，新たな素材にふれられるようにトンボづくりの教材や環境を準備しておいたことで，子どもたちが自ら環境に取り組み，よく遊んでいると感じた。

しかし，エリナとカズヤには，はたらきかけてもそっぽを向かれることがある。夏休みも入り，信頼関係が築けていないと自分自身で感じる。明日から好きな遊びの時間などに積極的にかかわり，エリナ，カズヤとも関係をつくっていきたい。

2 学期は子どもたちが自信をもてるようにして，保育をしていきたい。そのために，昼食前，降園前の集まりに振り返りの時間をつくり，一人ひとりの工夫していた姿，楽しんでいた姿をクラス全体に伝える機会を増やし，もっと遊びたいという気持ちを引きだし，一人ひとりの自信につなげていきたい。

保育者間の情報を共有しながら理解する

先の「記録を通して理解する」では，記録した映像を複数の保育者が見て，意見を出し合い，子ども理解（幼児理解）を深める方法を述べた。ここでは，保育者が情報を交換することで，子ども理解を深める事例をあげる。

（1）降園後の保育者間の会話から

情報を共有しながら子ども理解をすることの大切さを考えてみよう。

『私の前ではそんな様子を見せなかったのに……』

4歳児　6月

降園後，A保育者が職員室に戻り，「この頃ヒロくんが落ち着いてきて，トラブルも少なくなって，ホッとしてるんですよ」と言うと，B保育者が驚いたように「えーっ！　私，今日，ヒロくんを3回も注意したわよ。そこの廊下で，タカちゃんのこと，叩いていたし……」と言う。A保育者は，唖然として「私の前では，そんな様子を見せなかったのに……」とため息まじりに言う。

するとB保育者が，「でもね，否定的なとらえ方をしたらいけないんじゃない？　ヒロくんは，担任のA先生には愛されたいと思ってるんじゃないの？　むしろ，A先生とは信頼関係ができつつあると思ったほうがいいんじゃない」と言う。

B保育者の言葉で，A保育者は否定的にとらえたことを反省し，ヒロキは自分に『愛されたいのだ』と考え方を変えるとともに，かかわり方も変えていこうと思った。

事例6を読み取く

事例のように，A保育者が言葉にあらわさなければ情報の共有もなく，ヒロキは落ち着いてきたと思ったままだったかもしれない。また，B保育者の最初の言葉を聞いただけなら，A保育者はヒロキの行動を否定的にとらえたままだったかもしれない。保育者が思いを言葉にあらわし，ほかの保育者が違う意見を言うことで，自分とは違う考えのあることに気づく。それは，子ども理解（幼児理解）を深めたことになるのである。

複数の目で見ることの大切さ

子どもたちは，常に保育者の目の届くところにいるとは，限らない。園内のいろいろなところで遊ぶこともあれば，トイレに行っていることもある。また，友だちを叩くなど，望ましくない行為は，保育者の目の届きにくいところで起きることが少なくない。

職員の体制を整えたり，連携を図ったりすることで，どこで，誰が，何をしていたかを，園の全職員で把握するように努めることが大切である。各々の情報を交換し，共有することで，子ども理解（幼児理解）を深めることができる。

子どもはかかわる相手によって，かかわり方やあらわし方を変えることがある。みなさんもそのような子どもの態度を，実習に行ったときに経験したり，また，これから経験したりするのではないだろうか。

担任以外の保育者がかかわることで，その子どものいつもとは違う別の一面をとらえることがある。その情報を共有することが大切であり，複数の保育者の目で見ることで，子どもを多面的に理解することになる。

一人の保育者が得た情報を共有し，全職員が共通理解を図るとともに，担任がクラスの子ども一人ひとりのことを把握し，より理解を深めることが重要である。

朝会時や子どもの降園後など，機会を見つけて職員間で情報交換を行ったり，週案の打ち合わせのときに話題にあげたりするなど，時間を有効に活用する工夫が必要である。

とくに，経験の浅い若い保育者は，積極的に先輩の保育者に話しかけ，自分の見えていない子どもの一面をとらえるよう，努力をすることが大切である。

4-5

家庭との連携を通して理解する

子どもの一日の生活は，家庭，地域社会，園と連続的に営まれている。子どもの家庭や地域社会での生活経験が園において保育者やほかの友だちと生活するなかで，より豊かなものとなり，園生活で培われたものが，家庭や地域社会での生活に生かされるという循環のなかで，子どもたちの望ましい発達が図られていく。たとえるならば，園と家庭とは両輪の関係であり，同じ方向，同じ速度で進むことが望ましい。

（1）家庭との連携の大切さ

幼稚園教育要領解説では，「幼稚園生活だけではなく，家庭との連携を図り，入園までの生活経験や毎日の降園後や登園までの家庭での様子などを把握することが大切である」[6] と示されている。

また，「家庭との連携を十分にとって，一人一人の幼児の生活についての理解を深め，幼稚園での生活の様子などを家庭に伝えるなどして，幼稚園と家庭が互いに幼児の望ましい発達を促すための生活を実現していく必要がある。…（中略）…幼児は，保護者の感情や生活態度に影響されることが大きく，保護者が幼稚園や教師に信頼感をもっていれば，幼児も安心して過ごすことができるようになってくる」[7] とあるように，家庭との連携を図ることによって，子どもの望ましい発達を促すことになる。また，保護者の安心感，信頼感が，子どもに伝わってくることからも，家庭との連携が大切なのである。

子どもの家庭での様子を知る連携の場面としては，家庭訪問，個人面談，保護者会などがあるが，改まった場では，保護者が緊張したり，身構えたりしてなかなか本音を言いにくいことがある。保護者が安心して，気楽に話し合える場をつくることが大切である。詳しくは第７章で述べる。ここでは，園庭開放，保育参加の事例を通して考える。

（2）園庭開放を通して

ある園では，降園後，園庭開放を行い，親子で遊べるようにしている。しばらくの間，担任の保育者も遊びの様子を見たり，積極的に保護者にかかわり，その日の遊びの様子を伝えたりしている。次の事例から，家庭との連携を通して，子ども理解（幼児理解）を深めることの大切さを考えてみよう。

のびのびと遊べて，幸せです

4歳児　9月

園庭で遊ぶケンタと弟の姿を見ながら，ケンタの母は「先生，ここでは，子どもたちがのびのびと遊べて幸せですね」としみじみと言った。保育者が母親の話に関心を示すと，母親はさらに「私たちが以前に住んでいたところは，震災で公園に仮設住宅が建ち，子どもたちが外で遊べませんでした。狭い家では，友だちを招くこともできず，友だちと遊ぶこともできませんでした。家のなかで，電車のおもちゃで遊ぶばかりで……。こうして，園庭で走りまわったり，同じ歳の友だちと一緒に遊んだり，幼稚園でいろいろな経験ができることはとっても幸せなことですねぇ」と言った。

保護者の話から

家庭訪問や保護者会では，このような話がなかった。保育者は，個人調査票から，ケンタが早生まれであること，第一子であること，２歳下の弟がいること，好きな遊びは鉄道玩具であることは知っていた。そして，入園当初，室内遊びには興味を示すが戸外遊びにはあまり関心がないようだと思っていた。

母親の話を聞き，ケンタの入園前の家庭での生活の様子，経験を理解した。そして，入園当初鉄道玩具にこだわって遊んでいたこと，砂場遊びに抵抗を示したこと，自分の思い通りにならず，言葉で思いを伝えられないと，友だちを叩いてしまうことなどの姿を思い起こした。

保育者は，個人調査票に書かれている情報や日々自分が見ている姿から，ケンタを理解しようと思いながらも，早生まれだから，第一子だから……という，先入観をもって見ていたことを反省した。

ケンタがのびのびと遊ぶ姿を，母親が間近に見て「幸せ」と感じたことで，入園前の様子を素直に語ったと思われる。このように母親が，本音を言える場や雰囲気，保育者の存在が大切である。

（3）保育参加を通して

4歳児の保育参加の事例を通して，家庭との連携について考えてみよう。

親子で凧をつくろう

4歳児　12月

ビニール袋に型紙を当て，マジックで線を引き，はさみで切り取る。ひごをセロハンテープで貼りつける。ひごが交差しているところに凧糸を結びつけ，包装紙を短冊状に切ったものをしっぽにしてつけたら完成。子どもたちには，保護者に全部つくってもらうのではなく，型紙を押さえる，ビニールを引っ張るようにもつなど，親子で協力するようにはたらきかけた。

ショウタ親子は，母親が夢中で一人でつくろうとする。ショウタは手持ちぶさたで，テーブルの下にもぐったり，ビニールの切れ端を丸めたりしている。

アヤ親子は，母親が不安なのか，何度も保育者に「先生，これでいいんでしたっけ？」と確認する。アヤはそのたびに，母親が保育者に聞く様子を不安そうに見ている。

コタロウ親子は，母親が「コタロウ，ここもってて」「ここにつけて」と指示をし，コタロウはそれにしたがっている。

事例8を読み解く

保育者は，親子のかかわりを見て，日々の保育のなかで見られる，集中力が途切れがちなショウタの様子や不安げなアヤの様子，指示を待つコタロウの様子は，日常の保護者のかかわりからきているものであろうと感じた。

子どもにとって，園と家庭は，連続した生活の場として機能している。家庭でのさまざまな生活の姿は，子どもの園生活に反映される。子どもを取り巻く家庭の人々の感情や生活態度，かかわり方が子どもの姿に影響をもたらしていく。

事例のように，保育参加を行うことで，園だけでは把握できなかった親子のかかわりが発見できる。日頃の子どもたちの様子から感じていたことを裏づけるような保護者の言動も見受けられ，子ども理解（幼児理解）を深めることができる。

この保育参加で得られた情報を個人面談などで上手に活用し，保護者とともに，子ども理解を共有することが大切である。保護者も同じ場面にいたことで，イメージを共有しやすい利点があり，保護者にわが子の様子や自身のかかわり方に気づいてもらうこともできる。園と家庭は，車でたとえれば，両輪の関係である。共通理解を図り，同じ方向で保育を進めることで，子どもの成長や変容を促すことができる。

家庭からの情報は，子ども理解を深めるうえでは，大変有効である。しかし，何よりも，情報を得られるような，保護者が本音を言えるような信頼関係を築くことが大切である。

以上の通り，子ども理解の方法を，観察，ともに活動すること，記録を通すこと，保育者間の情報の共有，家庭と連携の５つの方法から述べてきた。これらはすべて大事な方法であるが，保育の場面によって，有効に使い分けていくことが大切である。

引用文献

1）文部科学省『幼稚園教育要領解説』フレーベル館，2018，p.46

2）相良順子・村田カズ・大熊光穂・小泉左江子『保育の心理学―子どもたちの輝く未来のために』ナカニシヤ出版，2012，pp.139-140を基に作成

3）前掲書１），pp.116-118

4）佐々木正美『子どもへのまなざし』福音館書店，1999，pp.150-152

5）前掲書１），p.116

6）同上

7）前掲書１），p.113

参考文献

・文部科学省『幼児理解と評価（幼稚園教育指導資料　第３集）』ぎょうせい，2010

第 5 章

子ども理解にもとづく保育者の援助

保育の基盤は，子ども理解（幼児理解）であるといっても過言ではない。保育者がどのように子どもを援助するか，それを判断するのは，目の前の子どもたちの内面をとらえ理解しようとすることから始まる。

本章では，どのように子どもを理解し援助したらよいか事例を通して考えていく。さらに，保育者同士の学び合いの必要性にもふれていく。

5-1 事例を通して考える

どのように子どもを理解し，援助をしたらよいか事例を通して考えてみよう。保育にはさまざまな場面が見られるが，ここでは遊びの場面，生活の場面，クラス全体の活動での場面について取りあげ，それぞれ3歳児の場合，4歳児の場合，5歳児の場合について考えてみたい。また，障がいのある子どもへの理解や援助のあり方についても考えてみる。

（1）遊びの場面での事例を通して考える

①3歳児の遊びの場面

この事例では，3歳のアツシが，いつも一緒に遊んでいる4歳のリョウに「どうしてリョウくんはできて，僕はできないの」と問いかけている。このときのアツシはどのような気持ちだったのだろうか。そして，援助はどのようにしたらよいのか考えてみよう。

「どうしてリョウくんはできて，僕はできないの」

3歳児　6月

3歳のアツシは活発で，自分より年上の子と遊ぶことが多い。そのなかでも4歳のリョウとよく遊んでいた。リョウのまねをしたり，同じ場所で着替えたりする姿が見られた。リョウにくっついて園庭でボールを蹴って遊んだり，リョウがもっている広告紙の剣と同じ物を保育者につくってもらい戦いごっこをしたり，2人はけんかをすることもなく遊んでいた。リョウのほうは，特別アツシと仲よくしていた訳ではないが，少しは気にして遊んであげている様子である。

しかし，リョウは４歳児のなかでも月齢が高く，身長も一番高い。さらに言葉もはっきりしている。それに対して，アツシは３歳児のなかでも月齢が低く，活発ではあるが身体は小さく，言葉もまだはっきりしていない。会話はできても相手に伝わらないことが多い。そのため，戦いごっこをしてもなかなか勝つことができない。ボール遊びをしても，ボールをうまく受けられないのでパスをしてもらえなかったりすることも多くあった。

ある日，アツシはリョウに「どうしてリョウくんはできて，僕はできないの？」と聞くとリョウは，「アツシくんは，僕よりまだ小さいから」と答えた。するとアツシは大きな声をだして泣きはじめ，リョウは困惑してしまう。アツシは担任の保育者に，「どうやったらもっと大きくなるの？」と泣きながら聞いた。

事例１を読み解く

アツシは，リョウがもっている剣と同じものをほしがったり，同じ場所で着替えをしたがったりと，一緒にいることが多く，４歳児のリョウが気になって仕方がないようである。幼い子どもは，信頼やあこがれをもって見ている身近な大人や友だちの言動や態度などを模倣したり，自分の行動にそのまま取り入れたりすることが多い。アツシもリョウに対してあこがれの気持ちをもち一緒に行動しようとしていたのであろう。

アツシとリョウの間にトラブルがあった訳ではないが，アツシがリョウに，「どうしてリョウくんはできて，僕はできないの？」と聞いたのはなぜだろうか。リョウのように身長は高くないし，うまくボールを受けたり蹴ったりできないことがもどかしかったのだろうか。

アツシに聞かれたリョウは，「アツシくんは，僕よりまだ小さいから」と答えている。僕より年齢が小さいから仕方ないのだよと，アツシを慰めるつもりで言ったのかもしれない。しかし，それを聞いたアツシは大声をだして泣いている。「小さいから」という言葉は，アツシにとって自分とリョウの間に差があることを決定づけた言葉として響いたのであろう。同じ言葉であっても，受け止める側の気持ちのありようによって，言葉の意味が異なってくるのである。

子どもが自分を形成していく過程では，ほかの子どもに興味・関心を示し遊びたがるようになる。そして，友だちと場を共有し自分も同じことをし，相手に自分を映しだしながら同じであることを楽しむようになるが，同じことをする経験は，自分と他者の違いに気づくことにつながっていく。アツシもはじめは同じことをすること自体が楽しかったのだろう。しかし，同じことをするなかで，リョウにできて自分にできないことがあることに気づいたと考えることができる。アツシにとって，どうして自分にはできないのかつらい状況であるが，自分を形成していく過程で自分というものを認識していく大事な経験であり，ある意味では成長の姿ととらえることができる。

さて，「どうしたらもっと大きくなるの？」というアツシの問いかけに，保育者はどのように応えたらよいだろうか。前述したように，同じ言葉でも受け止め方によって異なる。「どうしてリョウくんができて，僕はできないの？」と問いかけたアツシの気持ちを理解していくことが援助をしていくうえで大事になる。リョウのようになりたい，大きくなりたい気持ちを温かく受け止めてあげることが，アツシの今後の発達を支えていくものになるであろう。

② 4歳児の遊びの場面

この事例は，実習生が実習の際に記録したものである。一緒に鉄棒で遊びたいが素直に言えないヒロシと，ヒロシの介入を拒む男児3人との姿を取りあげた事例である。このような事態について，また，ヒロシと男児3人についてどのように理解したらよいだろうか。そして，援助についても考えてみよう。

僕もやりたいな

4歳児　9月

トモヒロ，ユウキ，マサシが，鉄棒で前回りの練習をしていた。自分たちで「一人3回ずつね！」などと決めて遊んでいる。そこへヒロシがやって来て横から入り，鉄棒を使おうとした。すると，トモヒロ，ユウキ，マサシに口ぐちに責められてしまう。ヒロシは少し離れて違う遊びを始めるが3人のほうを見ている。また鉄棒のところにやって来て，いきなりユウキがかぶっている帽子を取り，投げる。その様子を見ていた実習生がヒロシに，「やりたいならみんなにそう伝えなきゃ」と声をかけると，「そんな危ないことしたくな

い」と答える。そのあともたびたびやって来て，ボールを取り合ったり，砂をぶつけたりする。実習生がヒロシに，「やりたいの？」「入る？」と聞いても「やりたくない！」と答え，とうとう園庭にある土管のなかで泣きだしてしまった。

実習生が，3人に「ヒロシくん，やりたいみたい。どうする？」と聞くと，「あいつ，いやなことするからやだ！」と答える。実習生は，「3人で一気に反撃したらヒロシくんもかわいそうだよね。次は話を聞いてみよう」と3人に言う。

また，ヒロシが泣いて顔を泥だらけにしてやって来た。すると，トモヒロが「ユウキの次ならいいぞ」とヒロシに声をかける。すると，ヒロシはパッと顔をあげ，落ちている帽子を拾ってユウキに渡した。そのあと，短い時間であったが片づけるまで，トモヒロ，ユウキ，マサシ，ヒロシの4人は鉄棒で遊んでいた。

事例2を読み解く

実習生は，ヒロシの行動に対して「友だちのことを叩いたり，砂をかけたりしてはいけない。言葉で入れてと伝えなさい」と言おうと思ったが，「近くでこちらを見つめているだけのヒロシに，同じことを何度も言って意味があるのだろうか。また，ヒロシは友だちと一緒に鉄棒をしたいが素直に言えず意地を張っているけれど，その意地を解消してあげられるのだろうか」とも考え，どのように援助したらよいか戸惑ったようである。

ヒロシのとった行動をトモヒロ，ユウキ，マサシ3人の関係のなかで探ってみよう。実習生が，「やりたいならみんなにそう伝えなきゃ」とヒロシに言うと，「そんな危ないことしたくない」と答えている。反対に3人は，ヒロシに対して「あいつ，いやなことするからやだ！」と言っている。互いの言い分から，これまでのヒロシとトモヒロたち3人との関係はあまりうまくいっていないことが読み取れる。しかし，それにもかかわらず，ヒロシがわざわざ3人に近づこうとしているのはなぜだろうか。ヒロシは3人に関心があり，仲間に入りたいのであろう。それは，事例の最後，「ユウキの次ならいいぞ」と言われたとき，ヒロシはパッと顔をあげ落ちている帽子を拾ってユウキに渡したという姿からも理解することができる。

ヒロシのとった行動は，決してやってよいことではない。しかし，ヒロシの行動の奥にある，遊びに入りたいがうまく入れない気持ちを，実習生は感じ取ったのであろう。そのため，やってはいけない行動に対する指導，援助に戸惑ったと考えられる。子どもが，行ってよいことと悪いことや生活の決まりなどを受け入れようとする気持ちをもつようになるためには，保育者が子どもと向き合い心を通わせることが必要である。

保育者が常に一方的によしあしを判定するような指導をしていたならば，それを受け止める子どもは，先生にしかられるからという基準ができてくるであろう。反対に，保育者が一人ひとりの思いを受け止めたうえで，どうしたらよいか気づかせていくような援助をしたならば，子どもは自分と同じように，相手に思いがあることに気づいていくであろう[1]。実習生が遊びに入りたいヒロシの気持ちを理解しようとする一方で，「ヒロシくん，やりたいみたい。どうする？」とトモヒロたち３人の思いも聞くことで，ヒロシの気持ちを気づかせていった。この援助が，順番を守るなら入ってもいいという「ユウキの次ならいいぞ」というトモヒロの言葉になってあらわれたと考える。

事例のように，このころの子どもは，仲間になりたい気持ちや，仲間とのつながりが強くなる中で，けんかも増えてくる。その一方で，決まりの大切さに気付き，守ろうとするようになる。感情が豊かになり，身近な人の気持ちを察し，少しずつ自分の気持ちを抑えられたり，我慢ができるようになってくる。ヒロシにとって，一緒に遊びたいがうまくいかない葛藤を体験していくなかで，少しずつ自己抑制ができるようになっていくのであろう。

実習生は，ヒロシとトモヒロたち３人のトラブルについて，「子どものトラブルを子ども同士で解決し，互いの気持ちを理解し合えたのかなと思った。私はあたふたとしてしまい，なかなかよい言葉かけができなかったが，時間をかけて互いの気持ちが整理できるように手助けすることができたのかなと感じた。子どもたちが，自分たちで答えをだせたことに感動した」と考察の最後に書いている。子ども同士で解決しているとあるが，そばにいた大人（実習生）の援助があっての結果であることは言うまでもない。

友だちと一緒に遊びたいという思いがある一方で，自分の思い通りにならずに友だちとぶつかり合う。このような葛藤を経験しているときには，

保育者の心の支えが必要になる。また，感情は理屈では収まらない面もある。気持ちの整理ができる時間を保障していくことも，目に見えない援助として大切なことであろう。保育者に共感してもらったり，励まされたりすることを繰り返しながら，子どもは友だちや身近な人の気持ちを理解していくのである。

③5歳児の遊びの場面

男児6人が，ビー玉を転がして遊ぶからくり装置をつくって遊んでいる。最初にビー玉を転がすのをきっかけに，ドミノ倒しなど，さまざまなしかけの連鎖を楽しむ装置である。装置ができあがりビー玉を転がす段階で，互いに先に転がそうとこぜり合いが起きるが，マサオのリードのもとでこぜり合いはうまく解決していった事例である。5歳児の10月ともなると，少々のもめごとも自分たちで解決することができるようになってくる。保育者の援助については，どのように考えたらよいのだろうか。

からくり装置で遊ぶ

5歳児　10月

マサオたち男児6人が，室内でからくり装置をつくっている。クラスのなかでリーダー的な存在であるマサオは，担任の保育者に廃材の牛乳パックやペットボトルをカッターで切ってもらい，それを男児6人で組み立てている。6人はいつも遊んでいる仲間で，互いに「いいこと考えた」「つなげるよ」など声をかけながら廃材をつなげ，集中してからくり装置をつくっている。

からくり装置をつくり終えるとマサオは，「俺がやる！」と言ってビー玉を転がしてみる。続いてノブオも「やりたい！」と言ってビー玉を転がす。すると，ほかの子どもたちが，我先にビー玉を転がそうと，からくり装置の取り合いになってしまった。マサオが，「サトルくんからいいよ」と順番にやるように伝えると，それを聞いて男の子たちは取り合いをやめ順番を守って遊びはじめた。

マサオはみんなが遊んでいる様子を見ながら，ビー玉が落ちる場所に箱をいくつか置いた。そして，「この箱にビー玉が入ると得点がもらえるのね」と新しいルールをつくりみんなに伝える。それを聞いたサトルたちは，真剣な表情で勝負し遊びはじめる。しばらくして，保育者から，食事なので片づけるように声をかけられ，残念そうにみんなで片づけを始めた。

事例3を読み解く

事例に登場する6人の男児たちは，からくり装置をイメージし友だちと一緒につくることを楽しんでいる。廃材を利用したこの遊びは，知的にも技術的にもマサオたちにとって，手ごたえのあるおもしろい遊びであり，集中して取り組んでいたと思われる。また，からくり装置はテレビで放映されていることもあって，友だち同士のイメージは共有されているようである。製作過程はスムーズに進められている。

しかし，マサオがビー玉を転がし遊びはじめると，ほかの子も我先にビー玉を転がそうと，からくり装置の取り合いになる。年齢が低い子どもたちの場合だと，取り合いから叩いたり泣いたりといったけんかに発展してしまうケースが多いが，ここでは，マサオを中心に自分たちで解決している。

5歳児の2学期ということもあり，友だちとのかかわりは深まっている。自分たちの遊びのなかでルールをつくり，そのルールを守るという気持ちも育ってきているといえる。

また，グループのリーダーの存在も大きいといえる。マサオは，ビー玉が落ちる場所に箱を置いたり，ビー玉が箱に入ると得点がもらえる新しいルールをつくったりするなど，遊びのアイディアがありほかの子どもたちにとって魅力のある存在のようである。また，トラブルが起きたときに，順番にやるように提案するといった，みんなが仲よく遊べるように考え行動する姿からも，リーダー的存在であるといえよう。この事例では，リーダー的存在であるマサオの言うことにしたがい，秩序が守られ遊んでいる姿も見られる。

ただ，いつも一緒に遊んでいるグループの人間関係には力関係が固定化し，遊びのなかで自分の気持ちをだすことができないなどの問題を抱えていくこともある。保育者は，遊びのなかで子どもがよりよい人間関係を築き，経験していけるようにグループ内での力関係や遊び方を把握しておくことが大事である。そして，事態に応じて指導や援助をしていく必要がある。

（2）生活の場面の事例を通して考える

①3歳児の生活の場面

保育者から片づけを頼まれたマリが，一緒に片づけようとするケイを拒みトラブルになっていった事例である。マリとケイの気持ちをどのように理解し，援助したらよいか考えてみよう。

全部片づけるからいいの。さわらないで

3歳児　10月

この頃マリは，妹が生まれたためか不安定な様子が見受けられる。片づけの時間になったが，マリは片づけようとはしない。担任の保育者はマリに「ここにあるままごとのご飯，片づけて」と頼む。マリは「はーい」と返事をし，どんどんままごと道具を片づける。そこへケイが来て「僕もやりたい」と言いマリと一緒に片づけようとする。近頃のケイは，友だちが「いやだ」「来ないで」と言っても近づいてその友だちのものをさわっている様子が見られる。ここでもケイは，マリに「私が全部片づけるからいいの。さわらないで」と怒ったように言われるが，「僕もやりたい」とままごと道具にふれる。すると，マリはケイを叩く。

保育者はマリに，「一緒にお片づけしたほうが早く終わるから，手伝ってもらおうよ」と声をかけるが，マリは，「いやだ！」と言い，一人で片づけを進める。保育者がケイに「こっちの机のうえも紙がたくさんあるから，こっち片づけて」と頼むとケイは，「わかった」と言い片づけをする。そして，「マリちゃん，哺乳瓶落ちてたよ」とマリに声をかける。

事例4を読み解く

この事例は，自分一人で片づけたいというマリの気持ちと，マリと一緒に片づけをしたいというケイの気持ちが，ぶつかり合ったために起きたトラブルである。

マリにとっては，先生に片づけを頼まれたのは自分であるという思いが強いのであろう。そのため，ほかの子の介入を拒否したのかもしれない。一方，ケイは，「僕もやりたい」と言って参加しようとするところから，片づけること自体に関心があったとも受け止められる。また，最近のケイは，友だちが「いやだ」「来ないで」と言っても近づいて，その友だちのものをさわるなどの姿が見られる様子から，友だちに関心があり仲よくしたい，手伝ってあげたいという思いのあらわれだとも考えられる。

幼い頃は，自分と他者の気持ちの区別ができず，自分にとっていいことは他者にとってもいいことと思ってしまう傾向がある。ケイも手伝うことはよろこばれること，いいことと思って行動したのかもしれない。友だちとさまざまなやりとりをするなかで，自分の気持ちとは異なった友だちの気持ちを理解したうえでの共感や思いやりのある行動ができるようになっていくのであろう。

保育者はマリに，「一緒にお片づけしたほうが早く終わるから，手伝ってもらおうよ」と一緒に片づけるように促すものの無理強いはしない。「マリちゃんは，さわってほしくないんだって。ケイくんは違うところをお手伝いしてくれる？」とケイの思いを尊重しつつ違うほうへ気持ちを向けている。マリが妹の誕生により少し不安定な様子が見られることへの配慮もあって，保育者はマリの気持ちを受け止めた援助をしたのかもしれない。マリと一緒に片づけることはできなかったケイであるが，保育者に違うところを手伝うよう頼まれることによって，ケイの気持ちは，満足したのではないだろうか。ケイが，「マリちゃん，哺乳瓶落ちてたよ」とマリに声をかけているところからもうかがえる。

このようなトラブルの援助では，両者の言動や表情をよく見て，気持ちを理解し受け止めていくことが大切である。そのとき，一人ひとりの発達やその子を取り巻く状況なども考慮していく必要がある。

② 4歳児の生活の場面

昼食時，同じテーブルのアサコと隣の席のタカシがもめた事例である。アサコが，隣のタカシに顔を近づけタカシに押される。どうしてそのようなことになってしまったのかアサコに聞いても要領を得ない。いったい何が原因だったのか。保育者はどのようにしたらよかったのか考えてみよう。

何が嫌だったの？

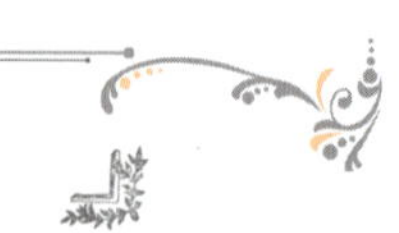

4歳児　11月

昼食のとき，アサコは担任の保育者のところへ行き，「タカシくんが押してくる」と訴える。保育者が「けんかしたの？」と聞くと，アサコは首を傾げる。「何があったんだろう？」と問いかけると，「わからない」と答える。そこで，「（タカシに）聞いてみようか」とアサコを誘うと「うん」と返事をする。

アサコは保育者と一緒に自分のグループのテーブルに戻る。保育者がタカシに，

「タカシくん，アサコちゃんのこと押したの？」と聞くと，「押してない」と答える。「そうか。アサコちゃん押されたって先生は聞いたから」と言うとタカシは，「俺は押してないよ。アサコが近寄ってきて，狭くていやなんだよ」と答える。「そうなんだ。それ，アサコちゃんに言ったの？」と聞くと，「言ったけど聞いてくれなかった」と答える。保育者はアサコに，「わかった。アサコちゃん，どうもタカシくんは狭いことがいやなんだって」と伝えると，アサコは首を傾げ，「押したよー」と言い返す。それを聞いてタカシは，「押してないよ，やめてって言っても，アサコちゃんが，こうやって顔を近くしてくるんだよ」と顔を寄せるまねをし，顔を赤くする。保育者は，「わかったよ。狭いから少し広くしようか」とタカシのほうに寄っていたアサコのお弁当を元の位置へ戻した。

保育者が，「アサコちゃん，タカシくんの近くがよかったの？」と聞くと，アサコは，「ううん」と首を横に振る。保育者は，「何がいやだったの？」と聞くが，アサコは首を横に振るだけである。アサコは，しばらくお弁当を見つめたまま動かなくなってしまった。そこへ，隣の年長組の保育者が通りかかり，「どうしたの？」とアサコに聞くとお弁当が食べられないと答えた。なかに入っていたのはおこわで，アサコにとって苦手な食べ物だった。残していいことを伝えると，気持ちを切り替えて友だちとかかわる姿が見られた。

事例5を読み解く

この事例は，アサコがいやがるタカシに顔を近づけたために起きたトラブルである。アサコがなぜタカシに顔を近づけていったか，その理由についてはアサコ自身よくわからない。わかることは，アサコがタカシに押されたらしいことと，タカシはアサコが顔を近づけてくるのがいやだったことだけである。

保育者は，訴えてきたアサコにていねいにつき合いながら，事態がどのようなことで起きたのか探ろうとしている。アサコに「タカシくんの近くがよかったの」「何がいやだったの」と聞いてみるがよくわからない。子どもの行為には，大人には理解しにくいことも多々ある。しかし，どのような行為もその子どもが心に感じている世界の表現であることを理解する必要がある。子どもの心の動きを，表現された行動を通していかに読み取るかが，保育者にとり重要なことである。また，訴えてきたアサコの言葉に耳を傾け理解しようとする保育者の姿は，アサコにとって自分をわかろうとする大人の存在であり人を信頼する大きな力となっていく。

たまたま通りかかった年長組の保育者に「どうしたの？」と聞かれたことで，素直にお弁当が食べられないことを伝えることができた。ここで保育者は，アサコの一連の行動が，お弁当が食べられないこととつながっていたことに気づく。保育者は，「アサコは自分のお弁当がいやな気持ちを素直にだせなかったのではないか。もやもやした気持ちをタカシに向けたり，タカシとのかかわりをきっかけにして保育者に伝えたのではないか。もっとアサコのまわりの状況も気にかけて，かかわれるとよかった」と振り返っている。幼い子どもにとって理由がよくわからないこともある。倉橋惣三が，子どもの心にどのように向き合っていけばよいか次のように書いている。

こころもち

子どもは心もちに生きている。

その心もちを汲んでくれる人，その心もちに触れてくれる人だけが，子どもにとって，有り難い人，うれしい人である。

子どもの心もちは，極めてかすかに，極めて短い。濃い心もち，久しい心もちは，誰でも見落とさない。かすかにして短き心もちを見落とさない人だけが，子どもと倶(とも)にいる人である。

心もちは心もちである。その原因，理由とは別のことである。ましてや，その結果とは切り離されることである。多くの人が，原因や理由をたずねて，子どもの今の心もちを共感してくれない。結果がどうなるかを問うて，今の，此の，心もちを諒察(りょうさつ)してくれない。特に先生という人がそうだ[3]。(ルビ筆者)

保育者はトラブルやけんかがあると，なぜそのようなことをしたのか，どっちが先にやったのか，誰が悪いのかなど，審判の役割を果たそうとするがそうではなく，まずその事態をゆっくりした態度で受け止める必要がある。事例5のように，そのときはよくわからないことでも，あとでそうだったのかと読み取れることもある。大事なのは，そのときに子どもの気持ちに寄り添って援助していこうとする保育者のかかわりそのものであり，それが子どもの育ちにとって大きな影響をおよぼしていくのであろう。

③5歳児の生活の場面

年長組に進級したばかりの子どもたちが，昨年の年長組から引き継いだウサギやニワトリ，カメなどの世話を徐々に始めた事例である。友だちが飼育当番の提案をしたとき，ミサトは下を向いてしまう。ミサトは何を感じたのだろうか。そして，保育者はどのように援助したらよいか考えてみよう。

みんなで順番

5歳児　4月

年長組は，昨年度の年長組と飼育当番の仕方を一緒にやりながら覚えていき，進級と同時に当番活動を引き継いでいる。しかし，子どもたちが小動物とのかかわりのなかで世話をする必要があることに気づき，自ら世話をするようにしたい。

飼育しているウサギ，カメ，ニワトリが，園庭を歩きまわっている。カメの好きなミサトは，カメが歩いて行くあとを追ったり，地面に歩く方向を予想して先回りをして足のトンネルをつくったり，足跡や尻尾の跡のついているのを見ておもしろがったりしている。花壇から雑草を取ってきたり，キャベツやニンジン，レタスなどをウサギに話しかけながら食べさせたりしている子どもたちもいる。

ノリコは「私ウサギのお掃除する」「水，換えてくる」など担任の保育者と一緒に小動物の世話をするようになってきた。しかし，ミサトは，飼育小屋の外からノリコやほかの子たちが掃除をしている様子を見ているが，小屋のなかに入ろうとはしない。

保育者が「困ったね。毎日，先生やノリコちゃんたちだけでウサギやニワトリの世話もなんて，忙しくてできないね」とノリコに話していると，ユキヒロが「そうだ，いいこと考えた。みんなで順番にやればいいじゃないか」とまわりの友だちに話す。飼育小屋のそばにいたミサトは，それを聞いて下を向いてしまう。

保育者はミサトの様子が気になり，「ミサトちゃん，どうしたの」と聞くが下を向いたまま応えようとしない。

次の日もミサトは，飼育小屋の外から掃除をしている友だちの様子を見ている。保育者がミサトのそばで掃除の様子を一緒に見ていると，「下にいっぱいうんちしてあるから踏んじゃう」と言う。「踏まないように，うまく掃除すればできるかもしれないよ」と保

育者が言うと「小屋に入ったとき，ニワトリが突っつきにくるんだもん」と答える。

事例６を読み解く

進級したばかりの年長組は，クラスで飼っている生き物の世話だけでなく，園全体で飼っているウサギやニワトリ，カメなどの世話をするようになる。保育者が「困ったね。毎日，先生やノリコちゃんたちだけでウサギやニワトリの世話もなんて，忙しくてできないね」と一緒に世話をしている子どもたちに投げかけている。当番活動を「当番だからやらなければならない」として与えていくものではなく，小動物とのかかわりのなかで，子ども自らが世話をする必要があることに気づかせていきたいと考えているためであろう。

ミサト，ノリコ，ユキヒロたちも昨年の年長組から飼育当番の引き継ぎをしており，年長組になったら自分たちの役割としての自覚もある。しかし，ミサトは，飼育小屋の外からノリコたちが掃除をする様子を見ているが，なかに入って一緒にしようとはしない。子どものなかには，糞の匂いに抵抗があったり，小動物に恐怖感をもっていたりする子どももいる。ミサトも「下にいっぱいうんちしてあるから踏んじゃう」「小屋に入ったとき，ニワトリが突っつきにくるんだもん」と保育者に話しているように，狭い小屋で掃除をすることに抵抗がある。年長組になり飼育当番をすることへの自覚があるからこそミサトは，ユキヒロの「みんなで順番にやればいいじゃないか」という言葉に反応し，下を向いたのであろう。

４月は，新入園児ばかりでなく進級したばかりの年長児にとっても，新しい環境と向き合う大事な時期である。保育室が変わるばかりでなく，新入園児の存在そのものが環境として大きな変化となる。年長組としての期待に応えようとする気持ちをもつ一方で，どのようにすることが大きい組なのか戸惑いも見られる。保育者はこのような環境の変化に伴う子どもたちの気持ちをよくとらえて指導，援助していく必要がある。ミサトは，年長組としての飼育当番への自覚があるからこそ葛藤しているのかもしれない。このような子ども一人ひとりの心の動きをしっかりとらえ，支えていくことが大切であり，前に踏みだす一歩につながると考える。

（3）クラス全体の活動の場面の事例を通して考える

①3歳児のクラス全体の活動の場面

3歳児がクラス全体の活動をするのは，みんなと同じ場所で，同じことをして同じ時間を過ごすということである。集団生活では当たり前のことのようだが，はじめて集団生活を送る3歳児にとっては，何らかの不安を抱く子どもがいるのも現状である。不安があると楽しく活動できないので，一人ひとりの子どもが安定して過ごせるように配慮しなければならない。

3歳児では，第1に一人ひとりの子どもとの信頼関係を築くように心がけることが重要になる。そして，どのような活動でも個人差が大きいということを認識し，一人ひとりに適した援助をしなければならない。

次の事例は安定したかのように見えていたアオイが，いきなりそれまでと異なる行動をとる例である。なぜ，このような行動をとるのか考えてみよう。

もう私は踊りたくない

3歳児　11月

11月の発表会に向けて，クラス全体で発表する踊りを保育者もともに楽しく踊っていた。

アオイは，とくに踊ることが大好きで，毎日，はりきって踊っていた。アオイが元気に踊るのでクラスの雰囲気が楽しいものになっていた。

そんなある日，アオイは突然，「もう，私，踊りたくない」と言って床に座り込んでしまった。まわりの子どもたちは踊っていたが，アオイは憮然（ぶぜん）とした表情をしてその踊りの輪から離れた。そしてアオイは，少し離れたところから，座ったままでみんなが踊るのをじっと見ている。

事例7を読み解く

踊ることの大好きなアオイが，「もう，踊りたくない」と言ったのは，どのような気持ちからなのだろうか。想像してみよう。

アオイがいつも楽しく踊っているということは，アオイは音楽に合わせて身体を動かすことが好きで，動きを自分のものにして自信をもっていたことが考えられる。アオイがそのような状況になるには，保育者が一緒に楽しみながらかかわっていたことが想像できる。しかし，アオイが楽しそうに踊れるようになったことで，保育者はほかの子どもへの援助を増やしていったのではないだろうか。クラスのなかにはいろいろな子どもがいるので，みんながアオイのように楽しんで踊れるわけではないだろう。楽しめる段階に至らない子どもへの援助をする保育者のかかわりを，アオイは自分へのかかわりの変化として感じ取ったのかもしれない。保育者は，発表会でクラスの全員が踊るのだから一人ひとりが生き生きと楽しく踊れるようになってほしい，参観者（保護者）には全員のそうした姿を見てほしいと考えることが多い。その結果，一人ひとりに応じてほめたり笑顔を向けたりして援助していたことが考えられる。そのことで，アオイに対する保育者の援助が少しずつ減っていったのではないだろうか。

アオイは，ほかの子どもとかかわる保育者の姿を見ているうちに，自分のことをもっと見てほしい，自分にも声をかけてほしいと思ったのかもしれない。何かしらの不満を感じてあらわした行為と読み取ることができる。しかしアオイは，まわりの子どもたちが踊っているときにほかの場所へ行くわけではなく，表情は憮然としていながらも前に座ってほかの子どもたちがダンスをするのを見ていたのだから，ダンスに飽きたわけではないだろう。何か言いたい気持ちを抱えながら，みんなで踊るダンスに関心をもち続けていたということが考えられる。

保育者は，ダンスがいやになって言った言葉ではないことを理解し，自分を見てほしいというアオイの気持ちをしっかりと受け止める必要がある。そしてやりたい気持ちを高められるように見守ることが大切になる。気持ちを受け止めるには，保育者がアオイと一緒にダンスを楽しんだり，アオイに声をかけたりすることが必要になる。そのことで，保育者の視線や気持ちを自分に向けたいというアオイの気持ちが満足できるだろう。ほかの子どもにかかわっていて声をかけられない場合には，笑顔を交わしたり，目と目を合わせてうなずいたり，ダンスをしながらそっと身体にふれるなどのかかわりをすることもよい。保育者からのメッセージを受け止めることがで

きるからだ。

また，やりたい気持ちを高めるには，不満をもちながらもダンスを見ていたのであるから，見ながら参加する方法を考えてみることもよいだろう。たとえば，みんなのことを見ていてどう思ったか発言を促してみる。他者の動きに対する関心をもてるようにすることで，認め合うきっかけをつくることができるかもしれない。そうすることで，また，みんなと一緒に楽しむ機会によろこんで参加できるようになるだろう。

発表会など，保護者に活動を見せる機会には，保育者は子どもたちみんなが同じような姿になってほしいと思いがちである。一人ひとり異なる子どもであることを認識し，一人ひとりの気持ちを理解し，状況に応じたかかわりをすることが大事になる。そのことで，子どもたちはのびのびと自分の動きをだし，楽しめるようになる。3歳児の場合はとくに，できるようになったから大丈夫ということはないのである。「いつも見守られている」という気持ちが一人ひとりの子どもに伝わるように配慮する必要がある。

3歳児の入園前の経験はそれぞれ異なる。したがって，クラス全体の活動をしたときの受け止め方も，楽しみ方も，表現の仕方にも違いが見られる。クラス全体の活動を通して子どもたちが楽しいと感じられるようにするには，それらをふまえてかかわることが大切になる。

② 4歳児のクラス全体の活動の場面

4歳児は，気の合う友だちとの遊びを楽しむようになる。4歳児のクラスでは，クラス全体での活動を十分に楽しめる子どももいれば，ときにやりたくないという子どももいる。また，友だちとのいざこざが増え，友だち関係に揺れが生じるのもこの時期には多い。遊びのイメージや言葉の不足を補いながら環境を工夫し，楽しい経験を意図的に計画していくことが重要になる。それは遊びの経験を広げることにもなる。次の事例で，子どもたちの行動について考えてみよう。

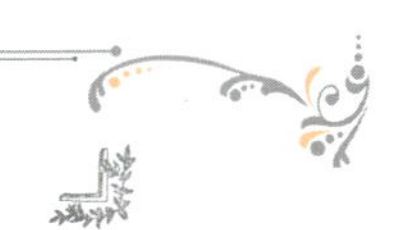

事例8 はじめての椅子取りゲーム

4歳児　10月

昼食前のクラス全体の活動として，椅子取りゲームをしたときのことである。保育者は，子どもたちに椅子取りゲームのルールと歩く方向を示してからピアノを弾く。子どもたちは，ピアノに合わせて保育者の指示通りに同一方向を向いて歩く。保育者がピアノを止めると，子どもたちは速やかに自分の座る椅子を探して座る。自分のそばの椅子に座れなかった子どもは右往左往するが，見つけると安心した顔で座る。保育者が２回目のピアノを弾きはじめると，子どもたちはまた同一方向を向いて歩きだす。

同じことを３回繰り返したあと，保育者は椅子を２個減らしてピアノを弾く。ピアノが止まり，そのときに座れなかった２人の子どもにはゲームがよく見える別の場所に置いた椅子に座るよう話す。残り５個になるまで，一度に２個ずつ椅子を減らしていく。椅子に座れなかった子どもには，そのつど居場所を指定し移動させる。

残りの椅子が５個になると，「今日はこれでおしまい。最後まで残った人は」と話し，残った５人を見る。子どもたちのそばに行き，一人ずつ保育者の両手と子どもの両手を合わせ，同時に笑顔で目を合わせる。座れなかった子どもには，一人ずつ，しっかりと握手をして「次にがんばって」と目を見ながら声をかける。そのようななか，座れなかったヒロトが，一人涙ぐんでいる。

事例８を読み解く

４歳児になると，椅子取りゲームやフルーツバスケットなど，クラス全体でゲームをする計画が増える。それは，ルールの理解ができ，みんなでする楽しさが味わえるようになってくるからである。この日は，はじめての椅子取りゲームだったが，保育者のルールの説明がていねいだったせいかトラブルもなく展開していた。ところが，終わったときに椅子に座れなかったヒロトが泣いていた。

４歳児では，椅子取りゲームやフルーツバスケットなどのゲームで，椅子に座れずに泣いてしまう子どもがいるのは珍しいことではない。このようなゲームで椅子に座れた子どものよろこびは想像できるだろうが，座れなかった子どもの気持ちをくむことはできるだろうか。ヒロトが涙ぐんでいる状況を想像してみよう。ほかの誰も涙ぐんでいないのに，ヒロトだけが涙ぐんだ。寂しいのか，悲しいのか，くやしいのか，もっと単純に，いやだという感情なのか。座れない気持ちを想像してみると，「座れなかったから仕方がないと思う」「座れなかったのは仕方がないけれども，やっぱり座りたかったと思う」「悲しくて泣きたくなってしまう」となるだろうか。どれも微妙に違いがある。それは，思いの強さであったり，感じ方の違いであったり，経験の違いであったりする。そして座れないくやしさを感じたとしても，泣く子どもも泣かない子どももいる。

保育者が,「ゲームなのだから勝つことも負けることもある」と考えるか,「座れないからといって泣くことはない」と考えるか,「座れなくて悲しかった」と考えるか,保育者の考え方によってかかわり方が異なってくる。状況の異なる子どものよろこび,楽しさ,くやしさ,悲しさ,あらゆる感情を受け止めることで,子どもの楽しさは倍になり,くやしさや悲しさは半分になるだろう。ヒロトのような子どもの不安を,保育者はどのように受け止めて援助していけばよいのだろうか。

保育者の援助を見ると,最後まで椅子に座れた子どもにも,座れなかった子どもにも,一人ひとり身体のふれ合いを通して声をかけている。座れた子どもにはタッチをしてよろこびを共有し,座れなかった子どもには,その手をしっかりと握って語りかけている。ふれ合う行動と,言葉が一緒になって子どもの気持ちに届いていく姿はどちらにも共通しているが,よろこびの共有のタッチと,握手をして語りかけるのとでは気持ちの伝わり方に違いがある。このような気持ちをくみとる姿勢,共感的な姿勢が子どもの気持ちを立て直していく。温かなかかわりによる安心感が安定感となっていくのである。4歳児の自己発揮には必要な援助である。

③5歳児のクラス全体の活動の場面

5歳児のクラス全体でする活動は,ほかの学年に比べて多くなるのが一般的だろう。クラス全体で行う活動では,他者とともに目的をもって活動するので,協同する姿も見られるようになる。友だちと遊ぶなかで,考えや意思を言葉で伝えること,相手の思いや考えをくみ取ることが必要になる。次の事例で,子どもたちの行動について考えてみよう。

クラス対抗全員リレー

5歳児　2月

運動会での経験があって,その後も人気のクラス対抗の全員リレー。卒園が近づいてもう一度,クラス対抗でリレーをすることになった。今までのリレーの結果をもとに,隣のクラスとの勝ち負けが話題にあがる。「○○組には勝てるよな～」「運動会でも勝ったもんね」と。しかし,練習でのリレーの結果,負けてしまった。

「勝てると思ったのに。タクミが抜かされたからだよ!」と小さい声で言うカズオ。「違うよ。バトンを2回も落としたからだよ」とチカ。カズオは黙り込んで，真っ赤な顔をしている。「みんなで一生懸命できなかったんじゃない？」「そうだよ。みんな勝てると思って笑って走ったんじゃない？」と話題がみんなに広がっていく。すると，ハヤトが「ぼくは速いからアンカーやって抜かしてやるよ！」と大きな声で言った[4)]。

事例9を読み解く

このような勝敗を伴う遊びでは，勝ちたいために仲間の誰かを非難することも起こる。それは，5歳児としてチーム意識もあり，勝つ喜びを味わいたい気持ちも強いからであろう。それぞれの子どもの視点に立って心の内を想像してみよう。

まず，カズオの言動である。カズオは勝てると思っていたし，勝ちたい思いも人一倍強かったと考えられる。カズオは，きっと一生懸命走ったに違いない。勝てないことの不満を抑えられないほど，勝ちたかったのだろう。だから，勝てなかったくやしさを，抜かされた友だちのせいにしたかったのではないだろうか。しかし，小さな声で言っていることから，本当に相手を非難したかったわけでもないだろう。また，チカが，バトンを2回も落としたからだと別の理由を言ったとき，カズオは黙り込んで赤い顔をしていることから，自分の発言を否定されたと感じたかもしれないし，友だちのせいにしたことを恥ずかしいと思ったかもしれない。勝てないくやしさと，自分の思いが通じないくやしさと，自己を抑えられないくやしさと，それらが一緒になっていたことが考えられる。

チカは，違うよと言っていて，話の流れではカズオを否定した形になっているが，否定だけでなく，バトンを落とせば遅くなることを経験的に知っていて，敗因はそこだと感じて，それを素直に言葉にしたのではないだろうか。

ほかの子どもたちはどうだろうか。みんなという言葉を使っていること，そして，一人ひとりの走る姿勢や気持ちに着目していることから，一人の責任ではなく，クラス全

員に意識を問いかけている子どもや連帯責任のような感じ方をしている子どももいるようだ。
　ハヤトは，その言葉をしっかりと受け止めて，みんなの分もがんばろうという気持ちをあらわしたといえる。走るのが好きで早く走れる自信もあったろうが，クラスの勝利のために自分の力を発揮しようと発言したのだろう。
　一方で，言葉にはしないが，友だちの会話を聞きながら自分の走り方を振り返り，次は，力いっぱい走ろうと思った子どももきっといたのではないだろうか。
　では，保育者はどのように援助すればよいのだろうか。「負け」を味わったときにどのような気持ちになるのか，子どもたちが素直な気持ちをだせるとよいだろう。自分はどのように感じたか，友だちはどのように感じているのか，それを話し合うことで，表現の仕方は違っても同じようにくやしさを感じていることを知ることは，クラスの仲間としての気持ちを一つにする。その気持ちを理解し共有することで，勝つための新たな作戦を考えだすこともできるだろう。敗因が自分にあると感じて特定の子どもがしょんぼりすることがないようにしなければならない。それぞれに異なる能力や個性をもった集団であるから，それぞれのよさをどのように伸ばしていくかが重要になる。
　このような競技では，走ることが苦手な子どもがいることも頭に入れておく必要がある。苦手な子どもは，自分の能力を認識したうえで，クラス全体のリレーに参加しているのである。決してよろこんで参加しているのではないだろう。走ることの速い子どもに，遅い子どもの気持ちはどのように伝わっているのか，子ども同士ではその気持ちの理解は難しい。そこに保育者の役割がある。勝つ手法をみんなで考えるとともに，違いを認め合うことも大事なことである。
　みんなでする活動には，表現活動もあれば製作活動もある。ゲームや鬼ごっこもある。さまざまな遊びを通して，一人ひとりの成長・発達をよろこび合えるように，保育者が子どもたちの話に入ることは大切なことである。子どもたちの考えや発言を受け止め，共感的な発言をしながら考えさせていくことが重要になる。
　認め合い，励まし合うクラスがつくられる過程では，思うようにいかないもどかしさを感じたり，友だちとのいざこざによりいらだちを覚えたりする子どももいるだろう。しかし，子どもたちが遊びのなかでその葛藤を乗り越える体験が生きていく力になるのである。保育者は，クラスのなかで一人ひとりの子どもが自己発揮しているかをしっかりと見て，成長・発達を確かめることが大切になる。

　次の事例を読んで，ユイの気持ちやクラスの子どもたちの気持ちを想像してみよう。

事例10

引っ越し鬼

4歳児　10月

10月，ホールで，クラス全体で「引っ越し鬼」をしていた。陣地が3つあり，2つは逃げる子どもの陣地（場所交換をする）と，1つは鬼の陣地である。子どもたちは，保育者の合図で互いの陣地を移動する。別の陣地に移動しようとした子どもを「鬼」の子どもがタッチするというルールである。

ルールの説明が終わり，子どもたちは，保育者の合図があるたびに，キャーキャー声をあげて一斉(いっせい)に走りまわる。そんななか，よく観察してみると，ユイだけがゆっくり移動している。ユイは合図があると周囲の子どもを見ながら，少し遅れて移動する。しかし，ユイがゆっくり逃げているにもかかわらず，「鬼」の子どもはユイにタッチをしない。ユイを避けるようにしてほかの子どもにタッチしている。「引っ越し鬼」はこのような状況を繰り返し終了した。

本節では，３歳児・４歳児・５歳児の遊びや生活の場面，クラス全体の活動の場面で見られる子どもたちの姿を通して，その行動の背景や一人ひとりの思いを想像し，保育者の援助について考えてきた。

ここにあげた事例は，子どもたちが，思いのままに行動する姿であったり，自分の気持ちが表現できないでいる姿であったり，イメージや考えていることを実現しようとする姿であったり，友達の行動から自分の行動を振り返る姿であったりと，さまざまである。園生活で，日々，経験する遊びや生活のなかには，子どもたちのさまざまな思いや考え，仲間とかかわるなかでの育ち合いがあるが，そうした姿を読み取ることができたのではないだろうか。

それぞれの年齢，そのときどきの活動で子どもの言動が異なり，個に応じた援助をするのは難しいかもしれない。しかし，保育者は，年齢による発達の違いを理解して援助すること，そして，同じ年齢でも，子どもによって経験や発達の違いがあることに目を向け，一人ひとりに応じた援助ができるようにしていかなければならない。

5-2 保育者の学び合い

（1）園内研究の場面で

園内における研究会での保育者の語りには，互いに問題を共有し，学び合う姿が多く見られる。いくつかの事例を通して学びの内容を考えてみよう。

空き箱でつくったもので遊ぶ

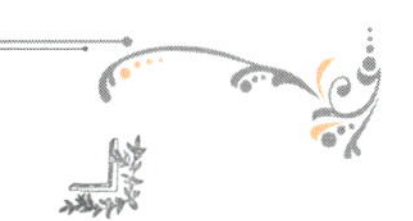

4歳児　6月

保育室には，空き箱や空きカップなどが置いてあり，それぞれに好きなものをつくっている。保育室の前にはビニールプールが設定されていて，水が張ってある。

数人の子どもたちが，自分のつくったものをもって保育室の前のビニールプールのところに行き，「硬いものは浮かぶよ」「牛乳パックはどうかな」などと話しながら，箱を沈めたり，浮かべたりしている。

そんななか，アツヒロは，お菓子の空き箱のうえにプラスチックのカップを2個付けたものをもってビニールプールに浮かべる。すぐに，「浮かんだ！　でも，箱が開いちゃった！」と言う。ナナコも同じように浮かべるが，箱が破れてしまい，「破れた，水（に）入れたら」と言う。タケルは，保育室からセロハンテープを切ってもって来て，「テープも浮かぶかな」と言って水に入れる。

スホとユウは，隣り合ってしゃがんでおり，スホがユウのつくったものをもって水面を移動したり，水のなかに入れたりしている。スホは，ユウの作品をもって円を描くように動かし，高くもちあげると「ロケット発射！」と言う。ユウは，ときどき目の前に来る自分の作品をつかもうとするが，つかめない。S保育者が

それを見て，「スホくんがもっているの，ユウくんがつくったのかな」と問いかけるような言葉をかけるが，応答はない。そのそばで，シュンは，自分の作品に向けてストローを吹き，風を送り動かしている。

そのあと，S保育者は，スホに「ユウくんがつくったんだから，ユウくんに聞いてみて」と声をかける。一瞬，スホの動きが止まってユウが自分の作品を手に取るが，すぐにスホが取ってしまう。ユウは自分のシャツを口にくわえながらスホの手にある自分の作品を見ている。スホは，手にしている作品に水がかかると「水かけても無駄」「水かけても無駄だよ」と言う。S保育者は「すごいでしょ，ユウくんがつくった船，水かけてもへいちゃらだもんね」と言う。

そのうち，S保育者は，スホに「ずっと使ってるけど，これ，ユウくんのだよ」と言うが返答はない。S保育者が「ユウくん，いいの？」と聞くと，ユウはスホの隣に行き，ぼそっと「返して」と言う。スホが黙って手を放すと，ユウは自分の作品を手に取る。スホは，隣りのナナコが使っているものを見て，「これ使いたい」と言う。ナナコが「じゃあ，一緒にやろう」と言って一緒に遊びだす。

保育のあと，保育者間で疑問に思ったことや感じたことを話し合う。S保育者のその日の保育に対する振り返りが済んだあと，保育者間で話が展開していった。話し合いの一部を紹介する。保育者はSを含み，K，L，M，Nの5名である。

K保育者：「子どもの要求があったとしても，どうして，ビニールプールを置いたの？」

S保育者：「つくったもので遊べるし，浮くとか，浮かないとか，そういうことに関心をもつことにもなると思って。子どもの要求に応じて出したけど，出すタイミングが早かったと思う」

K保育者：「子どもたちはいろいろな楽しみ方をしていたわよね。それを受け止めてあげる必要があると思う。アツヒロくんは，浮かんだこと，箱が開いてしまったこと，ナナコちゃんは，水に入れたら破れたこと，タケルくんは，セロハンテープでの試し。みんな違う楽しみ方をしていたように思うの」

S保育者・ほかの保育者：（うなずく）

L保育者：「水に浮かべて遊ばせたかったの？　水に浮かべる前提でつくるなら，紙の箱じゃないほうがいいんじゃない？　教材を考える必要があると思う」

M保育者：「そうね，教材は大事」

L保育者：「素材（教材）によって，遊び方も違ってくるわよね。水遊びに適したものがある」

N保育者：「S先生は，スホくんの行動が気になっていたのよね」

S保育者：「スホくんは，ユウくんのつくったもので遊んでいて，ユウくんは自分のだから返してって言えなかった。自分から話せない，かかわれない子どもには私が援助しなければと思って」

N保育者：「ユウくんのつくったものだって言っても，スホくんにはS先生の意図が通じなかったかもしれないね。スホくんもつくってみたら？という投げかけがあってもいいんじゃないかしら」

S保育者：「あー」（納得したように）

S保育者：「実は，船のところでは，子どもが何を楽しんでいるのか，また，どう援助してよいかわからなかったんです」

M保育者：「そういえば，スホくんと話していたとき，S先生は船って言ってたけど，スホくんはロケットって言ってた。水だから船って思うのは，大人の発想かもしれない」

N保育者：「そうねー」

話し合いからみえてくること―新たな視点に気づく

この場面でS保育者は，スホに対してのみ，「スホくんがもっているの，ユウくんがつくったのかな」と声をかけている。ユウがつくった作品をほめ，ユウの存在をスホに知らせようとしているようにも思える。S保育者の関心は，人の作品で遊ぶスホの行動と，自分の作品を取られてしまい使いたくても使えないでいるユウの気持ちにあったようだ。とくに，ユウの気持ちを考え，援助の手立てを模索していたのだろう。そのことで頭がいっぱいになり，いろいろな遊び方をしている子どもの様子や，遊びのなかで子どもたちが気づいていることや発展するための教材などについては考えがおよばなかったのではないだろうか。

実際に子どもたちは，さまざまな楽しみ方をしていた。しかも，楽しみ方は，つくったものを水のなかに入れる，水のなかを移動させる，浮かべる，何かに見立てて動かす，風を送る，浮かぶか沈むかの関心を言葉にするなど，微妙に違いがある。同じ場所で遊んでいても，興味の示し方にも表現の仕方にも違いが見られる。このような一人ひとりの姿をしっかりと把握していくことが，保育の振り返りには重要となる。

一人ひとりを見るには，子どもの関心の示し方，表現の仕方，教材の扱い方，友だちとのかかわり方，保育者の環境構成などを総合して考えていかなければならない。それは保育の充実に欠かせないことである。

では，S保育者以外の保育者が，どのような視点をもって意見を述べているかを整理してみよう。

K保育者はビニールプールを，なぜ置いたのかを聞いている。次いで，その場で子どもがどのような遊び方をしていたかを発言している。K保育者の発言は，環境の視点がある。それによってS保育者は，保育を振り返り，自分が気づかなかった子どもたちの遊び方を知り，環境の構成の仕方が遊びに影響することに気づく。

L保育者は，空き箱でつくったものを使ってどのように遊ばせたかったのか，水遊びで使うなら水遊びに適した教材があるのではないかと発言している。L保育者には，遊び方と教材を考える視点がある。それによってS保育者は，水遊びに適した教材を考える大切さに気づき，子どもの遊び方と教材は関連していることを学んでいる。

M保育者は，ほかの保育者の言葉にうなずいたり，子ども理解の視点をもって発言したりしている。それによってS保育者は，自分の思いだけで子どもの作品を見ないようにしなければないことに気づき，子ども理解の仕方を振り返る。

N保育者は，S保育者の気持ちを想像して共感的に受け止めている。指摘だけでなく，こうしたかかわりがあることでS保育者は安心できる。N保育者は場の雰囲気を和ませたあと，指導の方法に着目して具体的なかかわり方を提案している。それによってS保育者は，具体的な指導のあり方を考えられる。

S保育者は，援助の手だてを模索している状況をほかの保育者に見てもらうことで保育の振り返りを深めていることがわかる。ほかの保育者からの問いかけがあったときに，「どうしてよいかわからなかった」と，援助に迷いがあったことを素直に振り返り言葉にだしている。経験の浅いときには，こうしたこともあるだろう。

保育者間の語りのなかで，保育者の構成した環境や子どもたちの教材へのかかわり方，楽しみ方，人とのかかわりなど，それぞれの視点が見えてきたのではないだろうか。一人では気づかないことに，話をしているうちに気づく。一人ではわからなかった子どもの思いを知り，考え，自分が保育しているときに気づかなかったことに気づいていくこと，それが適切な援助につながっていく。保育を見合って，意見を述べ合うことの意味はそこにあるといえるだろう。

マサトの行動を巡っての話し合い

4歳児　11月

B保育者のクラスでは友だちとのかかわりで小さなトラブルが目立ってきていた。クラスの男児，マサトは自分本意なかかわりとなってしまうことが多い。B保育者はマサトの行為について，自分の都合や考えが相手にどう受け取られるのか，マサトがわからないために起こっていると考えている。

同時に，マサトを中心とする4人の子どものことが気になっている。マサトを取り巻く4人の子どもたちは，マサトの言う通りに遊びたいと思っているようなので，自分の意思をあらわせるようにしたいと考えている。

その日は，それぞれが好きな遊びを展開していた。3人の保育者はB保育者の保育を見て，クラスの子どもたちの様子や保育者の援助を記録する。保育が終了したあと，保育者間で話し合いが行われた。保育者は，Bを含み，A，C，Dの4名である。先の事例を参考に，それぞれの保育者の視点を考えてみると保育の見方がひろがり，改善の視点にも気づけるだろう。

A保育者：「そういえば，マサトくんがポケモンごっこしようと言ったとき，まわりの子どもたちがついていって，そのときに，シンヤくんとリョウイチくんが『おれ，氷鬼がしたい』と言ったけど，応じてもらえなかったみたい」

B保育者：「『氷鬼がいいな』と，リョウイチくんが言ったので，マサトくんの遊びばっかりじゃいやだよね，と言ってみたんだけど」

C保育者：「マサトくんは，砂場で遊んできたときはそんなに自分を主張していなかったなあ」

D保育者：「じゃ，遊びによっては，ほかの子どももマサトくんに意見を言えるっていうこと？」

C保育者：「砂場で，4人で遊んでいるのを見たけど，一緒にいたユウタくんもシンヤくんも話をしていた。ただ，思うことは言ってたけど，相手が話すことに対して，自分の考えを言っているふうではなかったみたい」

A保育者：「思い思いに話している……」

B保育者：「友だちの意見を聞くことの大切さをどう指導したらよいのだろう」

A保育者：「ときどき，マサトくんだけに話してみたらどうかな」

D保育者：「マサトくんだけに話すとき，ほめることも必要なんじゃない。そうじゃないと，保育者に呼び止められることを拒否したくなるよね。呼び止められるときは，何か注意されると感じて」

B保育者：「うーん」

話し合いからみえてくること―保育の改善

B保育者はその日の保育を振り返っているのだが，保育の当事者であるので，日頃の保育の状況も絡めて考えている。そして，ほかの保育者の意見を聞いて，それまで気づかなかったことに気づき，マサトに対する自身のかかわり方を見直している。保育のなかでわからないと感じていることは素直に問いかけてもいる。

そして，マサトが遊びによって相手へのかかわり方が違うことを認識し，マサト個人にかかわる方法を工夫するようになる。それまで，マサトの行動に対して，自分の都合や考えが相手にどう受け取られるのかわからないことで起こっていると考えていたが，遊びによって異なる姿勢を示すことを知り，友だち関係を見直したり，遊びの質を探究したりするようになるのである。

B保育者は，翌日，マサトの言動を一緒に考えたり，友だちと一緒にいたいという気持ちに共感したりしながら，4人の友だち関係に着目して受け入れ合える人間関係ができているかを見直している。一人ひとりのイメージがどのように表現されるのか，どのような遊びのときに誰のイメージが強くでるのか，それはなぜなのか，などを考えていったのである。さらにB保育者は，ほかの保育者の理解を得られたという安心感から，一人で悩んでいたときよりも落ち着いて保育ができるようになった。

マサトの行動を巡ってのこうした話し合いは，担任のB保育者が新たな視点をもつことになるのだが，これは，B保育者だけでなく，話し合いに参加したほかの保育者にとっても自分自身の保育の振り返りができるのである。B保育者の保育に関する問題を共有しながら，それぞれの経験をふまえてさまざまな意見をだすことで両者ともに学びを深めている。

先輩や同僚との話し合いでは指導不足を感じ，ときには落ち込むこともあるかもしれない。しかし，素直に振り返ることが自分を成長させていくことになる。ときにはアドバイスを受けることで新しい視点に気づかされることもある。こうして，一人ひとりを深く見つめ理解していくことは，子ども一人ひとりの成長・発達につながり，クラスとしての成長にもつながっていく。それは，保育者としての力量が高まっていくことでもある。

片づけがうまく進まない

5歳児　2月

積み木の片づけのときである。その日の片づけは，片づけの時間になっても，片づけないでふらふらしている子どもがいたり，だらだらしていたりして時間がかかっていた。片づけを巡って，保育者と子どもの間で次のようなやりとりが見られた。

F保育者は，「もう，時間切れです」と，積み木の片づけをしていた子どもたちに言葉をかけた。何人かの子どもたちは，片づけた積み木の高さが不揃いであることを気にしてやり直しをしている。F保育者は，もう一度声をかける。「また，掘ってるの？　時間切れです」。そして，積み木のうえに乗っている子どもがいると，「人が乗っていると動かないから」と降りるように促す。

同じようなことが繰り返されたが，そのうち，積み直しをしている子どもたちに対して「そこは，こっちからやったほうがいいんじゃない？」「最後までがんばったのはえらいんだけど，もう少し早くやったほうがいいんじゃない？」と声をかけた。

年長組として，修了を前にしてやらなければならない活動も多い。保育者はてきぱきと片づけてほしいと思っていただろうし，また，できるはず，とも思っていたのだろう。そんななか，子どもたちが片づけない状況に陥っている。それに対するF保育者の悩みを，保育者間で共有して解決策を考えることになった。以下は，語り合いの場面の一部である。保育者はFを含み，G，H，Jの４名である。

F 保育者：「時間内に片づけができるようになっていかないといけないが，どうしてよいかわからない」

G保育者：「どうして片づけないんだろう」

H保育者：「遊びの満足感が味わえていないんじゃないの？　やることがいっぱいあるから，好きなことをして遊ぶ時間が減ってない？」

F 保育者：「確かに，ひな人形も完成させなければならないし，作品の整理もあるし……」

G保育者：「修了式の準備もあるしね」

H保育者：「思いきって，みんなで外に出て，身体を動かして遊んでみたら？　身体を動かして遊ぶだけでも気分は変わるし」

J 保育者：「片づけと遊びの充実とは関連があるよね。もうこの時期だし，できなければならないと思っていると，ストレートにしかるようになるんじゃないの」

G保育者：「H先生が言うように，気分転換を図るっていうのは，いいことかもしれない」

J 保育者：「基本はやっぱり自分たちで考えて行動できることよね。見通しとか，楽しいことの目標をもたせるのもいいんじゃない？」

H保育者：「やっぱりほめないとね」

F 保育者：「うーん」

話し合いからみえてくること―仲間の支えと安心感

F保育者は，5歳児の姿としてあるべき姿を思い描いているが，そのように行動しないクラスの子どもたちを見ていて，多少なりとも焦りのようなものを感じているのだろう。片づけをしている子どもの姿をだらだらしているととらえたF保育者は，子どもたちががんばっているところが見えなくなる。言葉では，「最後までがんばったのはえらい」と伝えているが，そのあとに「……けど」という言葉を加えているので，子どもは認められたという気持ちにはならない。

また，「もっと早くやったほうがいい」と話していることから，イライラ感も伝わってくる。「人が乗っていると動かないから」と降りるように促しているのも直接的な言葉であり，考えさせる言葉ではなくなっている。いつもだったらできることが，修了間際の忙しさのなかでできなくなっているのは子どもにもストレスがあるのかもしれない。

保育者が一日の活動の展開や時間を強く気にすることで，子どもを信じる気持ちや待つ姿勢，考えさせる姿勢が少しずつ薄らいでいることが想像できる。保育者自身，気持ちにゆとりを失っていることに気づいてジレンマを感じているかもしれないのだ。

この事例では，保育に焦りを感じるF保育者に対して，G保育者，H保育者ともに共感の姿勢を示している。さらに，どうして片づけないんだろうとF保育者に問いかけ，活動の見直しの視点を提案している。また，J保育者は，F保育者の保育の姿勢について，振り返りをうながすような発言をしている。

保育者の悩み・問題を保育者同士が共有し，ともに考えたり，共感的に受け止め合ったりすることは，その保育者の安心感につながる。F保育者にも安心感が生まれ，気持ちにゆとりが出て，冷静に保育を振り返ることができるようになっていく。保育者間でわかり合おうとする気持ち，励まし合うことは，保育者が翌日からの保育を安心して展開できることに通じるのである。

（2）子どもを視座に

ここまで，いくつか事例をあげてきたが，大切なことは，保育者同士が本音で語れることである。保育は何年経験を積んでも，一人では見えないことがある。子どもの姿，援助の仕方，環境などのさまざまなことを保育者間で話し合うことは実に学ぶことが多い。しかし，そこで配慮しなければならないこともある。それは保育者同士の批判をしないことである。保育者が話し合うことで自信をなくしてしまうようでは元も子もない。話し合うことで，子どもへの理解を深め，保育への意欲がもてるようにしなければならない。なりたい保育者像が明確になって目指す子どもの姿が見えるようになることが大切なのである。それには，常に子どもを視座に置いて，その子どもについての理解を深めていくことが重要になる。それが保育者としての力量を高めていくことになる。

保育の仕事には終わりがない。実習を経験していても，担任となれば異なることが見えてくる。夢をもって保育者になったとしても，これが正解というものがないので，新任の保育者は試行錯誤をすることも多い。保育の計画，子どもの記録，環境の構成，教材の準備などの保育に関する仕事以外に，保護者とのかかわりにもさまざまな配慮が必要になる。クラス事務の処理能力も問われる。想像力，創造性，計画性，表現力，コミュニケーション能力など，保育者にはさまざまな能力が必要になる。ときに，保育が思うように進まないこともあるが，どのようなときも子どもを視座に置いて考え話すこと，保育者間の対等な話し合いのなかで自分を高めていくようにすることが重要である。

（3）何気ない話し合いのなかで

園内の研究会では，実際の保育を見て話し合うことが多い。子どもの姿を通して語るので具体的であり，保育をした本人が納得できる内容になる。また，参加した保育者も問題を共有するので，話しながら考え，自身の保育の振り返りにもなる。したがって，互いに子ども理解（幼児理解）を深めたり，援助の仕方を考えたりするには効果的な方法といえる。

しかし，研究会を開くには時間的な制約も受ける。限られた時間を確保しなければならないので，どこの園でも実践できるかといえばその部分は未知でもある。そこで，比較的簡単にできる日常の話し合いを有効活用している園もある。日常の話し合いの時間を活用したり，週の指導計画を立てる時間を活用したり，記録を活用している例を紹介する。

①週の計画を立てる時間を活用

週の計画を立てるときに，子どもの実態，ねらいや内容，活動などを話し合う。もちろん，詳しい時間の打ち合わせも入るだろう。そのときに，子どもの話を綿密にすることである。一人ひとりの子どものこと，自分が考えていること，迷っていることなどを話してみる。気になっている子どものこと，ほかのクラスの子どものこと，一人ひとりの発達や家庭環境などを話すことで子どもを広く理解することができる。

互いに話し合うことでほかの保育者の保育観にふれることもできる。自分が心配するほどのことではないこともあるだろうし，気づかないでいたことの指摘を受けることもあるだろう。これは，意識して行えば毎週，話すことができ自分自身の保育観を見直すことにもなるのである。

②日常の何気ない時間を活用

日常の何気ないときに子どもの話をするのもよい。子どもが帰ったあと掃除をしながら，あるいは保育を終えて職員室に戻ったとき，あるいは明日の教材準備をしながら，といろいろな場面が考えられる。

その日の出来事，うれしいと感じたこと，日頃考えていること，悩んでいることなどを素直（すなお）に言葉にするのである。互いに言葉で表現し合うことは，情報の共有になる。研究会のように改まった会ではないので，顔を正面から見て話す緊張も構えも必要ない。なんとなくという状況で子どもの話をするのは気持ちを楽にできる。楽な気持ちで話すことで発見やヒントを得ることも多いものである。

③メモの活用

通りすがりに見た子どもの姿，何気なく目にした子どもの姿を小さなメモに書き留めておく。思い出し記録でもよい。メモによる情報の共有である。そして，その日のうちに，そのクラスの保育者の机に置いておく。いつの間にか，一人の子どもの情報が増えていくものだ。

自分一人で見えることには限りがあるが，互いに，気にかけていると誰かが見てくれることもある。もちろん自分自身も見えてくる。力を貸したり借りたりしながら子どもの理解を広げ，深めていくのである。クラス担任が気になっているような子どもであればなおのこと，何人もの目で見た情報は貴重であり，多面的な理解をすることができるようになるので指導の助けになる。

④第三者の活用

一人では子どもの姿が見えないとき，あるいは，自分自身の見方が浅いと感じたとき，第三者に心を開いて保育記録を依頼してみる。担任をしていない保育者や管理職に客観的に記録を取ってもらうのである。その記録を見ると自分では気づかないことに気づくことができる。保育中は夢中であるから，子どもにかける言葉も意識してかける言葉ばかりではない。ともに生活しているという点で意識しない言葉もあるものだ。しかし，それが子どもの発達に影響をおよぼすこともある。

ある園の事例である。その園には保育経験の少ない若い保育者がいた。これまでの学習や保育経験によって，当然，保育に対する考え方や指導技術に違いがあるが，園長はそれをそのまま受け止めてかかわっている。その保育者は子どもを大事にして保育をしているが，子どもとの関係で悩みを抱えていた。園長は，子どもとの関係を築いていくうえで一人ひとりの子どもの理解を深めることが基本になると考え，週案の計画や実践後の記録での指導を行っているが，より，その保育者に寄り添ってかかわることもしている。日常の保育に着目して子どもの遊びの様子を観察し，記録し，その記録を若い保育者と一緒に見ながら，ていねいにかかわったのである。

その結果，「私，そんなこと言っていたんですね」「○○くんの行動がその言葉で変化したんですね」と，自身のかかわり方が子どもの行動を抑制し変えてしまったことに，保育者自らが気づいたという。実際の子どもの姿を通して，ともに考えていくことで納得が得られたようだ。保育者が，園長（第三者）の記録をもとに事実を受け止め保育を振り返ることは，自ら気づいている点で価値のあるものである。保育者の悩みを共有し，個性を尊重しながらかかわっている園長の姿勢が，保育者の子どもへのかかわりを変えていく。

以上，①から④は，保育者としての成長につながる重要なものである。話し合いや，メモ，観察など，これらは子どもの理解には欠かせない。必ず，援助のヒントが見えてくるものである。

（4）保育カンファレンス

保育カンファレンスとは，「保育者の集団による実践問題の協議のことである」[5)]。保育者が実践上の問題を協議の場に提示して，保育をする者同士がそれぞれの立ち位置から気づいたこと，疑問に思ったことなどを発言し，問題を共有し，保育実践に生かしていくものである。協議内容は，その園の子どもの実態や保育者の抱える問題によって異なるが，おおむね保育者の問題意識にもとづくものであり，子どもへのかかわり方や子ども理解（幼児理解），保育の方法であることが多い。

保育カンファレンスには外部の人間がともに問題を解決するような立ち位置で協議会に参与することもある。いずれにしても，いろいろな角度から意見を交わすことで，保育者自身が自分の保育の見直しに役立てることができる。そのような意味をもつ保育カンファレンスでは，相手の意見を否定せず，相手を尊重していく姿勢が根底にあることが重要である。

(1)「園内研究の場面で」であげたような園内研究会での話し合いには，保育カンファレンスの要素が強い。事例15をもう一度見てみよう。それまで，マサトの行動を，「自分の都合や考えが相手にどう受け取られるのか，マサトがわからないために起こっている」と考えていた保育者が，保育後の話し合い（カンファレンス）を通して，マサトが遊びによって異なる姿勢を示すことを知り，遊びの質を探究するようになっていく。また，友だち関係にも着目し，受け入れ合える人間関係ができているかを見直していくのである。

それぞれに保育者が援助を模索している事例を14から16まで3つあげたが，協議会での意見交換によって，保育者が学び合っていることがわかる。協議会では，子どもの遊びへの取り組みを話す保育者，友だち関係を気にかけて話す保育者，教材や環境構成の視点から話す保育者と，いろいろな角度から意見を交わしている。このことで，互いの学びを広げ深めている。そしてその結果，保育の当事者はヒントやアイディアを得て，新たな視点をもつことになるのである。保育の当事者以外の協議会に参加した保育者もまた，自己の保育の振り返りをしながら，新たな視点をもつことになる。また，保育者同士で問題を共有し，理解し合うことで安心感を抱く様子もうかがえる。安心感を得た保育者は，それ以降に落ち着いて保育ができるようになっていく。そして探究心をもち，学ぶ意欲を高めていくのである。

このように，保育カンファレンスは，保育者の専門的な力量を高めていく。換言すれば，保育の資質向上に保育カンファレンスが欠かせないといえる。保育には正答がないので，保育者は学び続ける姿勢が大切になる。絶えず自分の保育を振り返り，他者のいろいろな意見を聞くこと，他者に自分の考えを発信することが大切である。私たちは，これまでの学習や経験によって築いてきたことを言葉にするとき，他者の評価が気になることがある。言葉にするときに勇気がいるかもしれないが，自分の保育を素直に振り返る姿勢をもち，それを言葉で表現することは保育の充実につながる。意見が異なることで学び合いができるからである。上下関係の枠組みに縛られ，それが発言に作用するようでは保育者の資質の向上は望めない。保育経験の多少を超えて両者ともに成長していくためには，素直な意見交換が重要になる。それが，子ども理解（幼児理解）を深め，保育の質を向上させるのである。

引用文献

1）近内愛子「道徳性の芽生え」谷田貝公昭監修，塚本美知子・大沢裕編著『人間関係』一藝社，2010，p.148

2）倉橋惣三『育ての心（上）』フレーベル館，1976，p.30

3）高梨珪子・塚本美知子編著『子どもを見る目が広がる保育事例集—かかわる・育つ』東洋館出版社，2007，p.98

4）大場幸夫『こどもの傍らに在ることの意味—保育臨床論考』萌文書林，2007，p.150

参考文献

・厚生労働省編『保育所保育指針解説』フレーベル館，2018

・文部科学省編『幼児理解と評価（幼稚園教育指導資料　第３集）』ぎょうせい，2010

・無藤隆・清水益治編著『保育心理学』北大路書房，2002

・文部科学省『幼稚園教育要領解説』フレーベル館，2018

・津守真『子どもの世界をどうみるか—行為とその意味』日本放送出版協会，1987

・森上史朗・吉村真理子・後藤節美編『保育内容「人間関係」』ミネルヴァ書房，2001

・渡部信一・本郷一夫・無藤隆編著『障害児保育』北大路書房，2005

・高嶋景子・砂上史子・森上史朗編『子ども理解と援助』ミネルヴァ書房，2011

・無藤隆・福丸由佳編著『臨床心理学—子どもを知る』北大路書房，2009

・文部科学省研究開発学校・文京区教育委員会研究協力園研究収録『多様な個性に対応する教育課程の編成と実施』東京都文京区立柳町幼稚園，2003

保育のなかでの子ども理解―子どもとともに成長する

保育者の役割の根幹は，一人ひとりの子どもの行動と内面を理解し，この心の動きに沿いながら発達に必要な豊かな経験ができるようにしていくことです。子どもの気持ちには，「楽しそう」「やってみたい」「うれしい」という前向きな気持ちだけでなく，「くやしい」「いやだ」「悲しい」といった気持ちもあるでしょう。子どものさまざまな気持ちに共感することで信頼関係が育ち，子どもが安心して自分から遊びに取り組めるようになります。

遊びを中心とした保育では，子どもが「なんだろう」「やってみたい」という気持ちで遊びに取り組むことが重要です。そのためには，一人ひとりの子どもの興味関心に応じて環境を構成していく必要があります。子どもが環境にどのような動機でかかわるのかを，どこで（場所），誰と（人），何を（遊具）といったことを視点にして見ていくことで，遊びの動機ややりたいことが見えてくると思います。子どもの遊びの姿をよく見て，何を感じているのか，何を楽しんでいるのかを，子どもの目線や表情，身体の動きなどから理解していきます。

本園でも毎日，その日の子どもの姿を思い浮かべ，保育を振り返りながら子ども理解を深めるようにしています。子どもの行動から，いろいろな気持ちを読み取ることができます。また，子どものさまざまな気持ちに思いを馳せながら，ていねいに保育を振り返り記録をしていくことを大切にしています。何より，子どもを理解するときには否定的な見方ではなく，肯定的に子どもの気持ちや育ちに共感する姿勢をもち続けていきたいと思います。子どものワクワク感やドキドキ感を保育のなかで保育者もともに感じていかれるよう，感性を磨いていきましょう。

遊びに取り組んでいる子どもの姿からは，その遊びのなかで経験していることは何かを探っていくことが大切です。その子の発達を見極めて，必要な経験が積み重ねられるようにしていくことでも，子ども理解がポイントになります。そのためには，年齢に応じた発達の姿を知ることが前提になります。生まれてからどのような道筋で育っていくのかを理解し，今の時期のおおよその発達の姿を知ることが大切です。しかし，一人ひとりの個性や特性に応じて発達の姿は異なるので，そこに縛られることなく，日頃の子どもの姿から必要な経験を導きだし，一人ひとりの育ちにあったねらいを設定していくことが重要です。そのためには，子どもの遊びの姿をよく見ることが必要です。そして，子どもの姿や遊びの記録を題材に，園内で話し合い検討することも大切です。さまざまな角度から子どもを理解していく機会をつくっていくことで，自分自身の視野が広がっていきます。

目黒区立ひがしやま幼稚園　元園長　都築圭子

第 *6* 章

子ども理解と評価

本章では，保育における評価の意味や評価を行う必要性を取りあげる。個々の子どもの評価のまとめといえる幼稚園幼児指導要録では，法的根拠や役割について取りあげる。指導要録の抄本または写しを小学校に送付することになる。さらにここでは，小学校との連携，小学校の評価観と保育の評価観についても学んでいこう。

6-1 保育における評価

（1）評価とは

子どもが遊びや生活のなかで，どのようなことに興味をもち，かかわっているのか。そのなかでどのようなことを経験し，積み重ねているのか。保育における評価は，それらを読み取ることである。

①評価の考え方

幼稚園教育要領解説では，「第１章　総説　第４節　指導計画の作成と幼児理解に基づいた評価」として，保育における評価には，子ども理解（幼児理解）が不可欠であることが，次のように述べられている。「保育における反省や評価は，このような指導の過程の全体に対して行われるものである。この場合の反省や評価は幼児の発達の理解と教師の指導の改善という両面から行うことが大切」[1]である。

両面とは，子ども理解（幼児理解）と保育者の指導の改善であり，この２つの面から評価を行うことが大切である。

また，次のように続いている。「幼児理解に関しては，幼児の生活の実態や発達の理解が適切であったかどうかなどを重視することが大切である。指導に関しては，指導計画で設定した具体的なねらいや内容が適切であったかどうか，環境の構成が適切であったかどうか，幼児の活動に沿って必要な援助が行われたかどうかなどを重視しなければならない。さらに，これらの反省や評価を生かして指導計画を改善していくことは，充実した生活をつくり出す上で重要」[2]と示されている。

幼稚園教育要領解説には，「幼児期にふさわしい教育を行う際に必要なことは，一人一人の幼児に対する理解を深めることである。教師は幼児との生活を共にしながら，その幼児が今，何に興味をもっているか，何を実現しようとしているのか，何を感じているのかなどを捉え続けていく必要がある。幼児が発達に必要な経験を得るための環境の構成や教師の関わり方も，幼児を理解することにより，適切なものとなる。…（中略）…評価の実施に当たっては，指導の過程を振り返りながら，幼児がどのような姿を見せていたか，どのように変容しているか，そのような姿が生み出されてきた状況はどのようなものであったかという点から幼児の理解を進め，幼児一人一人のよさや可能性，特徴的な姿や伸びつつあるものなどを把握するとともに，教師の指導が適切であったかどうかを把握し，指導の改善に生かすようにすることが大切である」[3)]と示されている。今，目の前にいる子どもの姿から思いをとらえ，子ども理解（幼児理解）を深め，評価につなげていくことが，何より大切なのである。

②評価の意味

保育者は日々の子どもの遊びや生活の様子を観察してとらえ，記録に残す。その記録のなかから子どもの変容をとらえていく。同時に，その記録から，保育者自身の保育の傾向に気づき，改善を加えていくことに，保育の評価の意味がある。

幼児期の指導は，子ども理解（幼児理解）にもとづく指導計画の作成（Plan），計画にもとづく環境構成と保育実践（Do），子どもの活動に沿った環境の再構成や援助，反省，評価（Check）を行い，改善（Action）を加え，新たな指導計画の作成（Plan）を行うという，PDCAのサイクルによって成り立っている。そのため，どれ１つを欠いてもサイクルは滞ってしまい，そのことは，保育の質の低下につながる。

適正な評価をすることによって改善点を明らかにし，改善することによって，保育の質をより向上させ，幼児期に適した保育を実現させることができる。実践と評価は表裏一体であり，適正な評価は欠かせない。

③カリキュラム・マネジメント

また，幼稚園教育要領には，「カリキュラム・マネジメント」という言葉がある。これは「第１章　第６　１　教育課程の改善と学校評価等」に示されている。カリキュラム・マネジメントとは，子どもたちが望ましい発達を遂げるために，必要な計画を作成して，見通しをもって指導を行うとともに，保育を実践したあとに子どもの発達の姿を評価し，保育者の指導のあり方を見直して，さらに改善していくことである。この一連のPDCAサイクルを通し，よりよい保育を目指すことでもある。

カリキュラム・マネジメントは，園長のリーダーシップのもとで，保育者のみならず園の全職員で参加することが重要になる。経験の浅い保育者は，マネジメントという言葉を聞くと，園長や副園長，主任といった管理職のことと思いがちであるかもしれないが，自分自身も含まれているのだという自覚をもち，積極的に取り組むことが大切である。

（2）指導計画の改善と評価

保育の評価は，指導の前，指導計画を立てるときから始まる。その指導計画に沿って進められた保育実践のなかで，保育者の指導について評価を行うが，子ども理解（幼児理解）と保育者の指導の改善の両面から整理してみよう。

①指導計画を立てるとき，子どもの実態（興味や関心，友だち関係など）や発達のとらえ方はどうであったか。

②とらえた子どもの実態と保育者の願いとを関連づけて設定した「具体的なねらい・内容」が，適切な方向を示していたか（クラス全体のねらい，個々の子どものねらいの両方から考える）。

③環境構成をするときは，子どもが環境にかかわって活動を展開する姿を予想し，保育者の願いが込められていたか。

④実践のなかでは，予想した子どもの姿と実際の姿との違いはどうであったか。ねらいを達成できるよう再構成や承認，助言などの直接的な援助が適切であったか。

⑤保育後，①～④をふまえ，子どもの発達を理解し，保育者の指導を反省し，子どもの発達が望ましい方向に向かうよう計画を改善しているか。

計画的に指導を行うためには，発達の見通しや活動の予想に基づき環境を構成すること，子ども一人ひとりの発達を見通して援助をすることが重要である。さらに，評価，改善をし，次の計画に生かすことで，一人ひとりの子どもの発達が促されていく。

●図表1　参考例「指導計画の作成と保育の展開」文部科学省

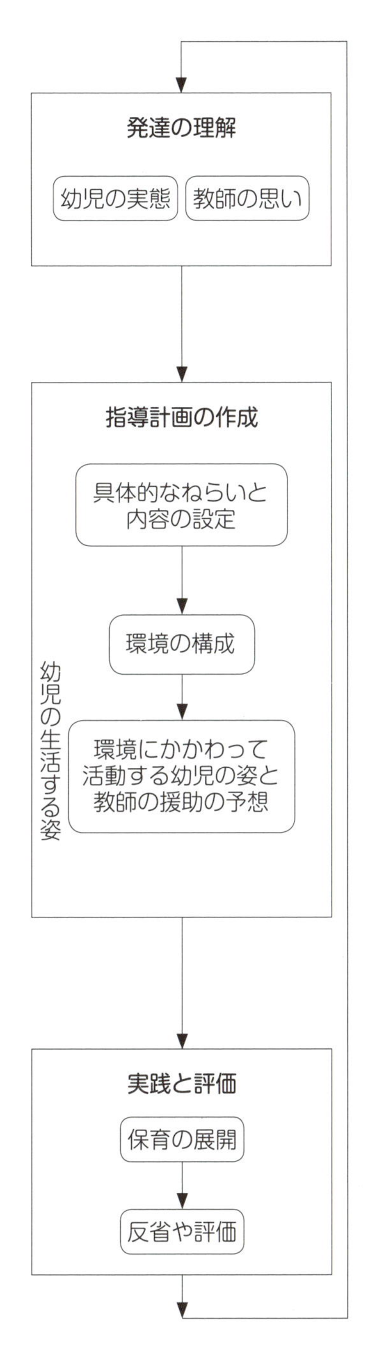

長期の計画	短期の計画
・累積された記録，資料をもとに実態を予測する。	・幼児の実態を捉える。 〔興味や欲求 経験していること 育ってきていること つまずいていること 生活の特徴〕
・教育課程によって教育の道筋を見通しながら，幼児の生活を大筋で予測し，その時期に育てたい方向を明確にする。	・前週や前日の実態から，経験して欲しいこと，身に付けることが必要なことなど，教師の願いを盛り込む。
・ねらい，内容と幼児の生活の両面から環境を構成する視点を明確にする。	・具体的なねらい，内容と幼児の生活の流れの両面から，環境の構成を考える。
・季節など周囲の環境の変化を考慮に入れ生活の流れを大筋で予想する。	・環境にかかわって展開する幼児の生活をあらかじめ予想してみる。 ・幼児と生活を共にしながら，生活の流れや幼児の姿に応じて，環境の再構成などの適切な援助を行う。
・短期の計画の反省，評価などを積み重ね，発達の見通し，ねらい，内容，環境の構成などについて検討し，計画の作成に役立てる。	・幼児の姿を捉え直すとともに，指導の評価を行い，次の計画作成につなげる。

文部科学省『指導計画の作成と保育の展開（幼稚園教育指導資料　第1集）』フレーベル館，2013

評価の時期やとらえられるものは何か

評価の時期は，指導計画の種類によって異なる。指導計画の種類ごとに，どのように振り返るか，何がとらえられるのかを一覧表にした。

●図表２　指導計画の種類と評価記入のポイント

種類	評価の時期	どのように振り返るか	何がとらえられるか
日案	保育終了後	１日の子どもの生活する姿から，子どもの発達の理解と保育者の指導の両面から反省を記録する。	遊びのなかで，子どもが何を経験し，何が育っているのかをさぐることで，翌日の指導の方向性が見えてくる。
週案	週末	１週間の子どもの生活を振り返り，遊びの流れやそのなかで何が育ったかを記録する。	個々の子どもをとらえるだけでなく，遊びの取り組みや興味・関心，友だち関係などの傾向をとらえることから，クラス全体の成長・発達が見えてくる。
長期的指導計画・クラス経営案	期の終わり・学期末	週の記録をまとめることで，発達の節目が見えてくるとともに，長期の見通しをもつことができる。	個々の子どもの変容もとらえられる。
個人記録	随時	日の記録や週の記録のなかから，個々の子どもの記録を追ってまとめる。 個人面談などの保護者とのかかわりも記録する。	クラスのなかで個々の子どもの変容が見えてくる。
活動記録	随時	あるまとまった活動を追い，その活動の展開や意味，また，その活動のなかで子どもが何を経験したかを記録する。	活動の特質を理解したり，教材を解釈したりする力がつく。

子どもの姿をとらえ，理解し，改善を加え，明日への保育につなげるためには，常に保育者自身の振り返りが重要となる。そして，これらの記録すべてが蓄積され，全体的な指導の評価ならびに個人の総合的評価につながっていくのである。

6-2 幼稚園幼児指導要録の取り扱い

（1）幼稚園幼児指導要録とは何か

幼稚園幼児指導要録とは，子どもの育ちに関する記録である。

評価という言葉のイメージは人によって異なるので，他者と比較し優劣をつけたり，ランクをつける成績のように受け止められたりすることもある。

しかし，子どもの育ちに関する評価は，個人内評価といわれるように，個々の子どもが保育のなかでどのように変容し，成長しているかをとらえることである。また，個々の子どものよい点や可能性を積極的に評価し，さらに持ち味を伸ばしていくためにはどのような指導が必要かを検討することが大切である。

また，よりよい教育活動を行うためには，評価は欠くことができないことから，幼児期にふさわしい子どもの育ちに関する評価とは何かを明確にとらえることが大切である。この子どもの育ちに関する評価の記録が，幼稚園幼児指導要録（以下「指導要録」とする）の，とくに「指導に関する記録」に当たる。

（2）指導要録の法的根拠

学校教育法施行規則第24条

校長は，その学校に在学する児童等の指導要録（学校教育法施行令第31条に規定する児童等の学習及び健康の状況を記録した書類の原本をいう。以下同じ。）を作成しなければならない。

②校長は，児童等が進学した場合においては，その作成に係る当該児童等の指導要録の抄本又は写しを作成し，これを進学先の校長に送付しなければな

らない。
③校長は，児童等が転学した場合においては，その作成に係る当該児童等の指導要録の写しを作成し，その写し（転学してきた児童等については転学により送付を受けた指導要録の写しを含む。）及び前項の抄本又は写しを転学先の校長に送付しなければならない。

学校教育法施行規則第24条は，準拠法のため，校長を園長に読み替え，「児童等」に幼児を含めるものとする。

指導要録は，どの幼稚園にも備えなければならない公簿である。園長は幼稚園教育要領の趣旨に沿って，指導要録を作成する義務がある。また，進学先，転学先の小学校や幼稚園に抄本または写しを送らなければならない。

指導要録は，園長が責任をもって作成するものであるが，実際は，クラス担任が記述する。しかし，単に担任個人の保育記録の延長ではなく，幼稚園としての

●図表 3　幼稚園幼児指導要録の項目一覧

用　紙	学籍に関する記録	指導に関する記録	最終学年の指導に関する記録
性　格	外部に対する学籍の証明などの原簿	指導のための原簿	指導のための原簿
保存年限	20年	5年	5年
記入項目	㊋年度，クラス，整理番号 ㊅幼児氏名，生年月日，性別，現住所 ㊅保護者氏名，現住所 ㊅入園年月日 ㊅入園前の状況など ○転園，転・退園年月日 ㊙修了年月日 ㊙進学先など ㊅幼稚園名および所在地 ㊋年度および入園（転入園）・進級時の幼児の年齢 ㊋園長氏名 ㊋クラス担任者氏名 ㊡園長・クラス担任の印	㊅幼児氏名，生年月日，性別 ㊋学年の重点 ㊡個人の重点 ㊡指導上参考となる事項 ㊡出欠状況，教育日数，出席日数 ㊡備考	㊅幼児氏名，生年月日，性別 ㊋学年の重点 ㊙個人の重点 ㊙指導上参考となる事項 ㊙出欠状況，教育日数，出席日数 ㊙備考

記入時期を，㊅入園当初，㊋年度当初，㊡年度末，㊙修了時，○適時として示した。

共通認識にもとづいて作成することが大切である。そのためには，指導要録の法的根拠や性質，役割を理解することが大切である。

指導要録には，「学籍に関する記録」と「指導に関する記録」の２種類があり，「指導に関する記録」には満３歳児から４歳児用のものと「最終学年の指導に関する記録」がある。どのような項目があるのか，一覧表にまとめてみた（152ページの図表３）。

（3）指導要録・保育要録の様式

幼稚園幼児指導要録と幼保連携型認定こども園園児指導要録，保育所児童保育要録の様式を比較すると図表４，図表５のようになる。

2017（平成29）年の幼稚園教育要領などの改訂（定）により，要録の様式は３種類になった。

幼稚園幼児指導要録と幼保連携型認定こども園（以下，認定こども園という）園児指導要録は，ほとんど同じであるが，対象となる子どもの年齢や配慮事項，在園年数の違いなどがあるため，それらを考慮した様式になっている。

●図表４　各要録の記入項目一覧①

機関名	幼稚園	認定こども園	保育所
名称	幼児指導要録	園児指導要録	児童保育要録
記入項目	学籍に関する記録（様式①）	学籍等に関する記録（様式①）	入所に関する記録（様式①）
年度・学級・整理番号	○（４年度分）	○（４年度分）	
氏名・生年月日・性別・現住所	幼児氏名	園児氏名	児童氏名
保護者氏名・現住所	○	○	○
入園・入所年月日	入園	入園	入所
転入年月日	○	○	
転・退園年月日	○	○	
修了・卒園年月日	修了	修了	卒園
入園前の状況	○	○	
進学先等・就学先	進学先	進学・就学先等	就学先
幼稚園名・保育所名及び所在地	幼稚園名	園名	保育所名
年度および入園・進級時の幼児の年齢	○（４年度分）	○（８年度分）	
園長・施設長氏名	園長印（４年度分）	園長印（８年度分）	施設長
学級担任者・担当保育士氏名	学級担任者印（４年度分）	学級担任者印（８年度分）	担当保育士

●図表5　各要録の記入項目②

機関名	幼稚園	認定こども園	保育所
名称	幼児指導要録	園児指導要録	児童保育要録
記入項目	指導に関する記録（様式②）	指導等に関する記録（様式②）	—
氏名・生年月日・性別	○	○	
指導の重点等 学年の重点・個人の重点	○（３年度分）	○（３年度分）	
指導上参考となる事項	○（３年度分）	○（３年度分）	
出欠状況	○（３年度分）	○（３年度分）	
備考	○（３年度分）		
特に配慮すべき事項		○（３年度分）	
満３歳未満の園児に関する記録		○（４年度分）	
記入項目	最終学年の指導に関する記録（様式③）	最終学年の指導に関する記録（様式③）	保育に関する記録（様式②）
氏名・生年月日・性別	○	○	○
指導の重点等 学年の重点・個人の重点	○	○	
保育の過程と子どもの育ちに関する事項　最終年度の重点・個人の重点			○
指導上参考となる事項	○	○	
保育の展開と子どもの育ち			○
出欠状況	○	○	
備考	○	○	
特に配慮するべき事項		○	○
最終年度に至るまでの育ちに関する事項			○
幼児期の終わりまでに育ってほしい姿	○（全文）	○（全文）	○（項目のみ）
幼児期の終わりまでに育ってほしい姿について	—	—	様式③（全文）

※図表４，５の表中の（様式①）（様式②）（様式③）に関しては，幼稚園幼児指導要録は159〜161ページの図表７〜９，保育所児童保育要録は162〜164ページの図表10〜12を参照。

①学籍に関する記録

「幼稚園の学籍に関する記録①」「認定こども園の学籍等に関する記録①」，保育所児童保育要録の「入所に関する記録①」は，記入する項目は，ほぼ同じである。「学籍」という言葉は，幼稚園，認定こども園で使用されている。これらは，20年間の保存文書となる。

②指導に関する記録

「指導に関する記録②」があるのは，幼稚園，認定こども園である。満3歳児から4歳児までの学年の重点，個人の重点，指導上参考となる事項を記述する。保育者が指導を振り返り，1年間の指導の過程とその結果をまとめ，次年度の指導に必要と考えられる配慮事項等を記述していく。

幼稚園，認定こども園の「最終学年の指導に関する記録③」と，保育所の「保育に関する記録②」は，項目が少し異なるが，ほぼ同じ内容である。「学年」という文言は学校教育法で用いられるため，保育所の要録では「最終年度」という文言を使用している。「学年の重点」は「最終年度の重点」，「指導上の参考となる事項」は「保育の展開と子どもの育ち」と同様と受けとれる。

保育所独自の項目としては「最終年度に至るまでの育ちに関する事項」がある。子どもの入所時から最終年度に至るまでの育ちに関し，最終年度における保育の過程と子どもの育ちの姿を理解する上で，とくに重要と考えられることを記入することと示されている。

③指導に関する記録の役割

指導要録の「指導に関する記録」の役割とは，次年度の子どもに対するよりよい指導を生みだす資料であるとともに，保育者の保育力を高めるために役立つものでもある。指導要録の記入を通して，保育者は自分の保育を振り返り，自分の指導とその子どもの発達する姿との関係に気づくこと，そして，そのことを手がかりにして指導を改善していくことが，評価として重要な意味がある。

「最終学年の指導に関する記録」は，（様式③）に示す「幼児期の終わりまでに育ってほしい姿」を活用し，幼児に育まれている資質・能力をとらえ，指導の過程と育ちつつある姿をわかりやすく記入すること。また，この姿は到達すべき目標ではないことに留意し，項目別に幼児の育ちつつある姿を記入するのではなく，全体的，総合的にとらえて記入すること，と示されている。小学校に送られて活用されるものであるから，小学校の教員にもわかりやすく書くことが求められる。

幼稚園，認定こども園は①，③の様式，保育所は①，②の様式により，小学校に送付する抄本としての役割をする。小学校の教師と子どもの姿を共有し，幼児教育と小学校教育との円滑な接続を目指すことが求められている。

本書の159～164ページに幼稚園幼児指導要録，保育所児童保育要録の様式を掲載した。幼保連携型認定こども園園児指導要録は，幼稚園幼児指導要録とほぼ同じ様式である。認定こども園の要録については，内閣府のホームページで公開されている。必要に応じて参照してほしい。

（4）評価の視点

一人ひとりのよさや可能性を積極的に評価し，持ち味を大切にして発達を促す，幼児期にふさわしい教育を実現するための評価の視点が大切になる。

幼児期は，心身のさまざまな側面が著（いちじる）しく発達する時期である。しかし，一人ひとりの子どもの発達の状況はさまざまで，個人差も大きい時期でもあることから，次のような留意が必要である。

一人ひとりの子どもの発達の特性をしっかりとらえ，ほかの子どもと比較をしたり，「できる」「できない」でとらえたりしないようにすることが大切である。

また，一定の基準に，その子どもが達しているかどうかというような評定によってとらえることのないよう，留意する必要がある。

何より重要なこととしては，幼稚園教育要領第2章「ねらい及び内容」に示された各領域のねらいを視点とすることが，「指導に関する記録」の様式の注に明示されている（図表8参照）。保育者が各視点，言い換えれば，各ねらいを十分に理解していないと，適切な評価ができないことになる。

園生活を通して全体的，総合的にとらえた子どもの姿，1年間を通して，子どもの発達の実情から向上の著しいと思われることをとらえることが大切である。

（5）「指導に関する記録」の記入に向けて

指導要録「指導に関する記録」および「最終学年の指導に関する記録」は，子どもの発達の過程をとらえて作成する。そのため，日常の子どもの姿をとらえて子ども理解（幼児理解）を深め，記録し，その記録を蓄積し，変容の過程をとらえていくことが大切である。

子ども一人ひとりについての記録が，結果的には指導要録記入のための重要な資料になる。記録の方法には，これといった決まった形式はない。自分が日々記録するために，無理，無駄なく要領よく書けるように工夫したものが最良である。

記入に向けては，次のような流れが考えられる。

図表6　記入に向けての流れ

❶年度当初の個々の子どもの姿をとらえる

⬇

❷「学年の指導の重点」を意識し，個々の子どもの「個人の指導の重点」を検討する

⬇

❸子どもの日々の姿を記録する

↓

❹子どもの変容の姿や新たな課題をとらえる

↓

❺援助の仕方を考え「個人の指導の重点」を修正する

年間を通し❸～❺を繰り返す，記録を蓄積する。

⬇

❻年度末，1年間の個々の子どもの成長・発達を振り返り，指導上，とくに重視してきた点をとらえだし，「個人の指導の重点」とする。

⬇

❼年度末，「指導上参考となる事項」には，年度当初と比較して大きく変容したこと，とくに援助してきたこと，個々の子どものよさ・伸びてほしいこと，今後の指導に役立つことなどを記入する。

「学年の指導の重点」は，教育課程にもとづき長期の見通しをもって設定した「学年目標」を書くことが多いため，同学年の子どもたちは，同じ重点となり，年度当初に記入する。「個人の指導の重点」は，③～⑤を繰り返し，新たな課題に対して，修正を繰り返すことから，個々に異なる。1年間を振り返り，とくに重視してきた点を，最終的な重点として，年度末に記入する。

たとえば，「入園当初は，○○の姿が見られ，●●の指導をした。すると次第に△△のような変容の姿が見られた。今は▲▲の指導を心がけている」。もしくは，「今後，◆◆の指導が必要と思われる」というように，子どもがどのような姿であったか，どのような指導をしたのか，著しい変容は何か，今後はどのような指導が必要かを，記入することが大切である。

このように，指導要録の「指導上参考となる事項」の欄を記述するためには，日々の保育の記録を積み重ねていくことが不可欠なのである。

「指導上参考となる事項」は，その子どもの性格や特徴などを断定的に書くものではない。幼稚園幼児指導要録（指導に関する記録）には，次のように示されている。

（1）次の事項について，記入すること。

① 1年間の指導の過程と幼児の発達の姿について以下の事項を踏まえ記入すること。

・幼稚園教育要領第2章「ねらい及び内容」に示された各領域のねらいを視点として，当該幼児の発達の実情から向上が著しいと思われるもの。その際，他の幼児との比較や一定の基準に対する達成度についての評定によって捉えるものではないことに留意すること。

・幼稚園生活を通して全体的，総合的に捉えた幼児の姿。

② 次の年度の指導に必要と考えられる配慮事項等について記入すること。

③ 最終年度の記入に当たっては，特に小学校等における児童の指導に生かされるよう，幼稚園教育要領第1章総則に示された「幼児期の終わりまでに育ってほしい姿」を活用して幼児に育まれている資質・能力を捉え，指導の過程と育ちつつある姿を分かりやすく記入するように留意すること。その際，「幼児期の終わりまでに育ってほしい姿」が到達すべき目標ではないことに留意し，項目別に幼児の育ちつつある姿を記入するのではなく，全体的，総合的に捉えて記入すること。

（2）幼児の健康の状況等指導上特に留意する必要がある場合等について記入すること。

●図表7　様式①　幼稚園幼児指導要録（学籍に関する記録）

（別紙資料１）
（様式の参考例）

区分＼年度	平成　年度	平成　年度	平成　年度	平成　年度
学　級				
整理番号				

幼　児	ふりがな 氏　名	 平成　　年　　月　　日生	性　別	
	現住所			
保護者	ふりがな 氏　名			
	現住所			

入　園	平成　年　月　日	入園前の 状　況	
転入園	平成　年　月　日		
転・退園	平成　年　月　日	進学先等	
修　了	平成　年　月　日		

幼稚園名 及び所在地				
年度及び入園(転入園) ・進級時の幼児の年齢	平成　年度 歳　か月	平成　年度 歳　か月	平成　年度 歳　か月	平成　年度 歳　か月
園　長 氏名　印				
学級担任者 氏名　印				

●図表8　様式②　幼稚園幼児指導要録（指導に関する記録）

（様式の参考例）

ふりがな		指導の重点等	平成　　年度	平成　　年度	平成　　年度
氏名	平成　　年　　月　　日生		（学年の重点）	（学年の重点）	（学年の重点）
性別			（個人の重点）	（個人の重点）	（個人の重点）
ねらい（発達を捉える視点）					
健康	明るく伸び伸びと行動し，充実感を味わう。	指導上参考となる事項			
	自分の体を十分に動かし，進んで運動しようとする。				
	健康，安全な生活に必要な習慣や態度を身に付け，見通しをもって行動する。				
人間関係	幼稚園生活を楽しみ，自分の力で行動することの充実感を味わう。				
	身近な人と親しみ，関わりを深め，工夫したり，協力したりして一緒に活動する楽しさを味わい，愛情や信頼感をもつ。				
	社会生活における望ましい習慣や態度を身に付ける。				
環境	身近な環境に親しみ，自然と触れ合う中で様々な事象に興味や関心をもつ。				
	身近な環境に自分から関わり，発見を楽しんだり，考えたりし，それを生活に取り入れようとする。				
	身近な事象を見たり，考えたり，扱ったりする中で，物の性質や数量，文字などに対する感覚を豊かにする。				
言葉	自分の気持ちを言葉で表現する楽しさを味わう。				
	人の言葉や話などをよく聞き，自分の経験したことや考えたことを話し，伝え合う喜びを味わう。				
	日常生活に必要な言葉が分かるようになるとともに，絵本や物語などに親しみ，言葉に対する感覚を豊かにし，先生や友達と心を通わせる。				
表現	いろいろなものの美しさなどに対する豊かな感性をもつ。				
	感じたことや考えたことを自分なりに表現して楽しむ。				
	生活の中でイメージを豊かにし，様々な表現を楽しむ。				
出欠状況	（下表）	備考			

出欠状況	年度	年度	年度
教育日数			
出席日数			

学年の重点：年度当初に，教育課程に基づき長期の見通しとして設定したものを記入
個人の重点：1年間を振り返って，当該幼児の指導について特に重視してきた点を記入
指導上参考となる事項：
(1) 次の事項について記入すること。
①1年間の指導の過程と幼児の発達の姿について以下の事項を踏まえ記入すること。
・幼稚園教育要領第2章「ねらい及び内容」に示された各領域のねらいを視点として，当該幼児の発達の実情から向上が著しいと思われるもの。その際，他の幼児との比較や一定の基準に対する達成度についての評定によって捉えるものではないことに留意すること。
・幼稚園生活を通して全体的，総合的に捉えた幼児の発達の姿。
②次の年度の指導に必要と考えられる配慮事項等について記入すること。
(2) 幼児の健康の状況等指導上特に留意する必要がある場合等について記入すること。
備考：教育課程に係る教育時間の終了後等に行う教育活動を行っている場合には，必要に応じて当該教育活動を通した幼児の発達の姿を記入すること。

●図表 9　様式③　幼稚園幼児指導要録（最終学年の指導に関する記録）

（様式の参考例）

ふりがな			指導の重点等	平成　　年度
氏名	平成　　年　　月　　日生			（学年の重点）
性別				（個人の重点）
ねらい （発達を捉える視点）				
健康	明るく伸び伸びと行動し，充実感を味わう。		指導上参考となる事項	
	自分の体を十分に動かし，進んで運動しようとする。			
	健康，安全な生活に必要な習慣や態度を身に付け，見通しをもって行動する。			
人間関係	幼稚園生活を楽しみ，自分の力で行動することの充実感を味わう。			
	身近な人と親しみ，関わりを深め，工夫したり，協力したりして一緒に活動する楽しさを味わい，愛情や信頼感をもつ。			
	社会生活における望ましい習慣や態度を身に付ける。			
環境	身近な環境に親しみ，自然と触れ合う中で様々な事象に興味や関心をもつ。			
	身近な環境に自分から関わり，発見を楽しんだり，考えたりし，それを生活に取り入れようとする。			
	身近な事象を見たり，考えたり，扱ったりする中で，物の性質や数量，文字などに対する感覚を豊かにする。			
言葉	自分の気持ちを言葉で表現する楽しさを味わう。			
	人の言葉や話などをよく聞き，自分の経験したことや考えたことを話し，伝え合う喜びを味わう。			
	日常生活に必要な言葉が分かるようになるとともに，絵本や物語などに親しみ，言葉に対する感覚を豊かにし，先生や友達と心を通わせる。			
表現	いろいろなものの美しさなどに対する豊かな感性をもつ。			
	感じたことや考えたことを自分なりに表現して楽しむ。			
	生活の中でイメージを豊かにし，様々な表現を楽しむ。			
出欠状況		年度	備考	
	教育日数			
	出席日数			

幼児期の終わりまでに育ってほしい姿	
「幼児期の終わりまでに育ってほしい姿」は，幼稚園教育要領第 2 章に示すねらい及び内容に基づいて，各幼稚園で，幼児期にふさわしい遊びや生活を積み重ねることにより，幼稚園教育において育みたい資質・能力が育まれている幼児の具体的な姿であり，特に 5 歳児後半に見られるようになる姿である。「幼児期の終わりまでに育ってほしい姿」は，とりわけ幼児の自発的な活動としての遊びを通して，一人一人の発達の特性に応じて，これらの姿が育っていくものであり，全ての幼児に同じように見られるものではないことに留意すること。	
健康な心と体	幼稚園生活の中で，充実感をもって自分のやりたいことに向かって心と体を十分に働かせ，見通しをもって行動し，自ら健康で安全な生活をつくり出すようになる。
自立心	身近な環境に主体的に関わり様々な活動を楽しむ中で，しなければならないことを自覚し，自分の力で行うために考えたり，工夫したりしながら，諦めずにやり遂げることで達成感を味わい，自信をもって行動するようになる。
協同性	友達と関わる中で，互いの思いや考えなどを共有し，共通の目的の実現に向けて，考えたり，工夫したり，協力したりし，充実感をもってやり遂げるようになる。
道徳性・規範意識の芽生え	友達と様々な体験を重ねる中で，してよいことや悪いことが分かり，自分の行動を振り返ったり，友達の気持ちに共感したりし，相手の立場に立って行動するようになる。また，きまりを守る必要性が分かり，自分の気持ちを調整し，友達と折り合いを付けながら，きまりをつくったり，守ったりするようになる。
社会生活との関わり	家族を大切にしようとする気持ちをもつとともに，地域の身近な人と触れ合う中で，人との様々な関わり方に気付き，相手の気持ちを考えて関わり，自分が役に立つ喜びを感じ，地域に親しみをもつようになる。また，幼稚園内外の様々な環境に関わる中で，遊びや生活に必要な情報を取り入れ，情報に基づき判断したり，情報を伝え合ったり，活用したりするなど，情報を役立てながら活動するようになるとともに，公共の施設を大切に利用するなどして，社会とのつながりなどを意識するようになる。
思考力の芽生え	身近な事象に積極的に関わる中で，物の性質や仕組みなどを感じ取ったり，気付いたりし，考えたり，予想したり，工夫したりするなど，多様な関わりを楽しむようになる。また，友達の様々な考えに触れる中で，自分と異なる考えがあることに気付き，自ら判断したり，考え直したりするなど，新しい考えを生み出す喜びを味わいながら，自分の考えをよりよいものにするようになる。
自然との関わり・生命尊重	自然に触れて感動する体験を通して，自然の変化などを感じ取り，好奇心や探究心をもって考え言葉などで表現しながら，身近な事象への関心が高まるとともに，自然への愛情や畏敬の念をもつようになる。また，身近な動植物に心を動かされる中で，生命の不思議さや尊さに気付き，身近な動植物への接し方を考え，命あるものとしていたわり，大切にする気持ちをもって関わるようになる。
数量や図形，標識や文字などへの関心・感覚	遊びや生活の中で，数量や図形，標識や文字などに親しむ体験を重ねたり，標識や文字の役割に気付いたりし，自らの必要感に基づきこれらを活用し，興味や関心，感覚をもつようになる。
言葉による伝え合い	先生や友達と心を通わせる中で，絵本や物語などに親しみながら，豊かな言葉や表現を身に付け，経験したことや考えたことなどを言葉で伝えたり，相手の話を注意して聞いたりし，言葉による伝え合いを楽しむようになる。
豊かな感性と表現	心を動かす出来事などに触れ感性を働かせる中で，様々な素材の特徴や表現の仕方などに気付き，感じたことや考えたことを自分で表現したり，友達同士で表現する過程を楽しんだりし，表現する喜びを味わい，意欲をもつようになる。

学年の重点：年度当初に，教育課程に基づき長期の見通しとして設定したものを記入
個人の重点：１年間を振り返って，当該幼児の指導について特に重視してきた点を記入
指導上参考となる事項：
(1) 次の事項について記入すること。
　①１年間の指導の過程と幼児の発達の姿について以下の事項を踏まえ記入すること。
　・幼稚園教育要領第２章「ねらい及び内容」に示された各領域のねらいを視点として，当該幼児の発達の実情から向上が著しいと思われるもの。その際，他の幼児との比較や一定の基準に対する達成度についての評定によって捉えるものではないことに留意すること。
　・幼稚園生活を通して全体的，総合的に捉えた幼児の発達の姿。
　②次の年度の指導に必要と考えられる配慮事項等について記入すること。
　③最終年度の記入に当たっては，特に小学校等における児童の指導に生かされるよう，幼稚園教育要領第１章総則に示された「幼児期の終わりまでに育ってほしい姿」を活用して幼児に育まれている資質・能力を捉え，指導の過程と育ちつつある姿を分かりやすく記入するように留意すること。また，「幼児期の終わりまでに育ってほしい姿」が到達すべき目標ではないことに留意し，項目別に幼児の育ちつつある姿を記入するのではなく，全体的，総合的に捉えて記入すること。
(2) 幼児の健康の状況等指導上特に留意する必要がある場合等について記入すること。
備考：教育課程に係る教育時間の終了後等に行う教育活動を行っている場合には，必要に応じて当該教育活動を通した幼児の発達の姿を記入すること。

●図表10　様式①　保育所児童保育要録（入所に関する記録）

（別紙資料１）
（様式の参考例）

<table>
<tr><td rowspan="3">児　童</td><td rowspan="2">ふりがな
氏　名</td><td colspan="2"></td><td rowspan="2">性　別</td><td rowspan="2"></td></tr>
<tr><td colspan="2">年　　月　　日生</td></tr>
<tr><td>現住所</td><td colspan="4"></td></tr>
<tr><td rowspan="2">保護者</td><td>ふりがな
氏　名</td><td colspan="4"></td></tr>
<tr><td>現住所</td><td colspan="4"></td></tr>
<tr><td>入　所</td><td colspan="2">年　　月　　日</td><td>卒　所</td><td colspan="2">年　　月　　日</td></tr>
<tr><td>就学先</td><td colspan="5"></td></tr>
<tr><td colspan="2">保育所名
及び所在地</td><td colspan="4"></td></tr>
<tr><td colspan="2">施　設　長
氏　名</td><td colspan="4"></td></tr>
<tr><td colspan="2">担当保育士
氏　名</td><td colspan="4"></td></tr>
</table>

●図表11　様式②　保育所児童保育要録（保育に関する記録）

（様式の参考例）

本資料は，就学に際して保育所と小学校（義務教育学校の前期課程及び特別支援学校の小学部を含む。）が子どもに関する情報を共有し，子どもの育ちを支えるための資料である。

ふりがな		保育の過程と子どもの育ちに関する事項	最終年度に至るまでの育ちに関する事項
氏名		（最終年度の重点）	
生年月日	年　月　日		
性別		（個人の重点）	
ねらい（発達を捉える視点）			
健康	明るく伸び伸びと行動し，充実感を味わう。	（保育の展開と子どもの育ち）	
	自分の体を十分に動かし，進んで運動しようとする。		
	健康，安全な生活に必要な習慣や態度を身に付け，見通しをもって行動する。		
人間関係	保育所の生活を楽しみ，自分の力で行動することの充実感を味わう。		
	身近な人と親しみ，関わりを深め，工夫したり，協力したりして一緒に活動する楽しさを味わい，愛情や信頼感をもつ。		
	社会生活における望ましい習慣や態度を身に付ける。		
環境	身近な環境に親しみ，自然と触れ合う中で様々な事象に興味や関心をもつ。		
	身近な環境に自分から関わり，発見を楽しんだり，考えたりし，それを生活に取り入れようとする。		
	身近な事象を見たり，考えたり，扱ったりする中で，物の性質や数量，文字などに対する感覚を豊かにする。		
言葉	自分の気持ちを言葉で表現する楽しさを味わう。		
	人の言葉や話などをよく聞き，自分の経験したことや考えたことを話し，伝え合う喜びを味わう。		
	日常生活に必要な言葉が分かるようになるとともに，絵本や物語などに親しみ，言葉に対する感覚を豊かにし，保育士等や友達と心を通わせる。		
表現	いろいろなものの美しさなどに対する豊かな感性をもつ。		
	感じたことや考えたことを自分なりに表現して楽しむ。	（特に配慮すべき事項）	
	生活の中でイメージを豊かにし，様々な表現を楽しむ。		

幼児期の終わりまでに育ってほしい姿 ※各項目の内容等については，別紙に示す「幼児期の終わりまでに育ってほしい姿について」を参照すること。
健康な心と体
自立心
協同性
道徳性・規範意識の芽生え
社会生活との関わり
思考力の芽生え
自然との関わり・生命尊重
数量や図形、標識や文字などへの関心・感覚
言葉による伝え合い
豊かな感性と表現

保育所における保育は，養護及び教育を一体的に行うことをその特性とするものであり，保育所における保育全体を通じて，養護に関するねらい及び内容を踏まえた保育が展開されることを念頭に置き，次の各事項を記入すること。

○保育の過程と子どもの育ちに関する事項

＊最終年度の重点：年度当初に，全体的な計画に基づき長期の見通しとして設定したものを記入すること。

＊個人の重点：１年間を振り返って，子どもの指導について特に重視してきた点を記入すること。

＊保育の展開と子どもの育ち：最終年度の1年間の保育における指導の過程と子どもの発達の姿（保育所保育指針第２章「保育の内容」に示された各領域のねらいを視点として，子どもの発達の実情から向上が著しいと思われるもの）を，保育所の生活を通して全体的，総合的に捉えて記入すること。その際，他の子どもとの比較や一定の基準に対する達成度についての評定によって捉えるものではないことに留意すること。あわせて，就学後の指導に必要と考えられる配慮事項等について記入すること。別紙を参照し，「幼児期の終わりまでに育ってほしい姿」を活用して子どもに育まれている資質・能力を捉え，指導の過程と育ちつつある姿をわかりやすく記入するように留意すること。

＊特に配慮すべき事項：子どもの健康の状況等，就学後の指導において配慮が必要なこととして，特記すべき事項がある場合に記入すること。

○最終年度に至るまでの育ちに関する事項

子どもの入所時から最終年度に至るまでの育ちに関し，最終年度における保育の過程と子どもの育ちの姿を理解する上で，特に重要と考えられることを記入すること。

（様式の参考例）
（別紙）

●図表12　様式③　保育所児童保育要録（幼児期の終わりまでに育ってほしい姿について）

保育所保育指針第１章「総則」に示された「幼児期の終わりまでに育ってほしい姿」は，保育所保育指針第２章「保育の内容」に示されたねらい及び内容に基づいて，各保育所で，乳幼児期にふさわしい生活や遊びを積み重ねることにより，保育所保育において育みたい資質・能力が育まれている子どもの具体的な姿であり，特に小学校就学の始期に達する直前の年度の後半に見られるようになる姿である。「幼児期の終わりまでに育ってほしい姿」は，とりわけ子どもの自発的な活動としての遊びを通して，一人一人の発達の特性に応じて，これらの姿が育っていくものであり，全ての子どもに同じように見られるものではないことに留意すること。	
健康な心と体	保育所の生活の中で，充実感をもって自分のやりたいことに向かって心と体を十分に働かせ，見通しをもって行動し，自ら健康で安全な生活をつくり出すようになる。
自立心	身近な環境に主体的に関わり様々な活動を楽しむ中で，しなければならないことを自覚し，自分の力で行うために考えたり，工夫したりしながら，諦めずにやり遂げることで達成感を味わい，自信をもって行動するようになる。
協同性	友達と関わる中で，互いの思いや考えなどを共有し，共通の目的の実現に向けて，考えたり，工夫したり，協力したりし，充実感をもってやり遂げるようになる。
道徳性・規範意識の芽生え	友達と様々な体験を重ねる中で，してよいことや悪いことが分かり，自分の行動を振り返ったり，友達の気持ちに共感したりし，相手の立場に立って行動するようになる。また，きまりを守る必要性が分かり，自分の気持ちを調整し，友達と折り合いを付けながら，きまりをつくったり，守ったりするようになる。
社会生活との関わり	家族を大切にしようとする気持ちをもつとともに，地域の身近な人と触れ合う中で，人との様々な関わり方に気付き，相手の気持ちを考えて関わり，自分が役に立つ喜びを感じ，地域に親しみをもつようになる。また，保育所内外の様々な環境に関わる中で，遊びや生活に必要な情報を取り入れ，情報に基づき判断したり，情報を伝え合ったり，活用したりするなど，情報を役立てながら活動するようになるとともに，公共の施設を大切に利用するなどして，社会とのつながりなどを意識するようになる。
思考力の芽生え	身近な事象に積極的に関わる中で，物の性質や仕組みなどを感じ取ったり，気付いたりし，考えたり，予想したり，工夫したりするなど，多様な関わりを楽しむようになる。また，友達の様々な考えに触れる中で，自分と異なる考えがあることに気付き，自ら判断したり，考え直したりするなど，新しい考えを生み出す喜びを味わいながら，自分の考えをよりよいものにするようになる。
自然との関わり・生命尊重	自然に触れて感動する体験を通して，自然の変化などを感じ取り，好奇心や探究心をもって考え言葉などで表現しながら，身近な事象への関心が高まるとともに，自然への愛情や畏敬の念をもつようになる。また，身近な動植物に心を動かされる中で，生命の不思議さや尊さに気付き，身近な動植物への接し方を考え，命あるものとしていたわり，大切にする気持ちをもって関わるようになる。
数量や図形，標識や文字などへの関心・感覚	遊びや生活の中で，数量や図形，標識や文字などに親しむ体験を重ねたり，標識や文字の役割に気付いたりし，自らの必要感に基づきこれらを活用し，興味や関心，感覚をもつようになる。
言葉による伝え合い	保育士等や友達と心を通わせる中で，絵本や物語などに親しみながら，豊かな言葉や表現を身に付け，経験したことや考えたことなどを言葉で伝えたり，相手の話を注意して聞いたりし，言葉による伝え合いを楽しむようになる。
豊かな感性と表現	心を動かす出来事などに触れ感性を働かせる中で，様々な素材の特徴や表現の仕方などに気付き，感じたことや考えたことを自分で表現したり，友達同士で表現する過程を楽しんだりし，表現する喜びを味わい，意欲をもつようになる。

保育所児童保育要録（保育に関する記録）の記入に当たっては、特に小学校における子どもの指導に生かされるよう，「幼児期の終わりまでに育ってほしい姿」を活用して子どもに育まれている資質・能力を捉え，指導の過程と育ちつつある姿をわかりやすく記入するように留意すること。また，「幼児期の終わりまでに育ってほしい姿」が到達すべき目標ではないことに留意し，項目別に子どもの育ちつつある姿を記入するのではなく，全体的，総合的に捉えて記入すること。

6-3 小学校との連携

（1）なぜ小学校との連携が必要なのか

幼稚園教育は，「義務教育及びその後の教育の基礎を培うもの」と，学校教育法第22条に幼稚園教育の目的として示されている。子どもの発達や学びは連続していることからも，幼稚園から小学校への移行を円滑にすること，すなわち連携が必要なのである。

その連携の 1 つの方法が，先に述べた「指導要録の抄本又は写しを作成し，これを進学先の校長に送付」することである（学校教育法施行規則第24条第 2 項）。

小学校の教員は，受け取った指導要録の内容から，個々の子どもたちがどのような園生活を過ごしてきたのか，その子どものよさや可能性を受け止め，適切な指導を行うための参考資料として活用する。指導要録は，子どもたちが小学校においても，適切な指導のもとで，学習に取り組めるようにするための橋渡しとして，大きな役割がある。

（2）小学校の評価の考え方

幼稚園では計画的に環境を構成し，遊びを中心とした生活を通して体験を重ね，一人ひとりに応じた総合的な指導を行っている。

一方小学校では，時間割にもとづき，各教科の内容を教科書などの教材を用いて学習している。このように，幼稚園と小学校では子どもの生活や教育方法が異なることから，評価についても考え方が異なる。

小学校においては，児童の学習状況の評価（学習評価）が行われている。この学習評価は，きめ細かい指導の充実や児童一人ひとりの学習の定着を図るため重要な役割を有している。

学習評価は単に児童の成績をつけるだけでなく，学習指導と学習評価の一体的な取り組みを通じて，学習指導のあり方を見直したり，個に応じた指導の充実を図ったり，学校における教育活動を組織として改善したりするために行う大切なものである。

現在，小学校における学習評価は，一定の集団における児童の相対的な位置づけによるいわゆる「相対評価」ではなく，「目標に準拠した評価」（いわゆる絶対評価）により行われている。また，各教科の学習評価については，「基礎的・基本的な知識・技能が身についているか」「それを活用して課題を解決したり，判断したり，表現したりする能力をもっているか」「主体的に学習しようとしているか」など，具体的に児童にはぐくもうとする資質や能力に沿って「観点別学習状況の評価」が行われている。

「観点別学習状況の評価」とは，学習指導要領に示す目標に照らし合わせて，その実現状況を分析的に評価するものであり，幼児期の評価とは異なる方法である。

（3）幼保小連携の法的根拠

子どもたちが，小学校生活への適応を図れるよう，幼保小連携のあり方について，子どもの発達や学びの連続性を図る観点から，2017（平成29）年３月に告示された幼稚園教育要領および保育所保育指針において，次のような連携に関する内容が新たに明記された。

幼稚園教育要領
第１章　総則
　第３　教育課程の役割と編成等
　　５　小学校との接続に当たっての留意事項
（1）幼稚園においては，幼稚園教育が，小学校以降の生活や学習基盤の育成につながることに配慮し，幼児期にふさわしい生活を通して，創造的な思考や主体的な生活態度などの基盤を培うにようにするものとする。
（2）幼稚園教育において育まれた資質・能力を踏まえ，小学校教育が円滑に行われるよう，小学校の教師との意見交換や合同の研究の機会を設け，「幼児期の終わりまでに育ってほしい姿」を共有するなど連携を図り，幼稚園教育と小学校教育との円滑な接続を図るよう努めるものとする。

保育所保育指針
第２章　保育の内容
４　保育の実施に関して留意すべき事項
（２）小学校との連携
ア　保育所においては，保育所保育が，小学校以降の生活や学習基盤の育成につながることを配慮し，幼児期にふさわしい生活を通して，創造的な思考や主体的な生活態度などの基盤を培うにようにすること。
イ　保育所保育において育まれた資質・能力を踏まえ，小学校教育が円滑に行われるよう，小学校の教師との意見交換や合同の研究の機会を設け，第１章の４の（2）に示す「幼児期の終わりまでに育ってほしい姿」を共有するなど連携を図り，保育所保育と小学校教育との円滑な接続を図るよう努めること。
ウ　子どもに関する情報共有に関して，保育所に入所している子ども就学に際し，市町村の支援の下に，子どもの育ちを支えるための資料が保育所から小学校へ送付されるようにすること。

上記の幼稚園教育要領と保育所保育指針を比べると，(1）とア，(2）とイは，幼稚園（教育）と保育所（保育）の文言の違いはあるが，ほぼ同じである。ウの保育所から小学校に資料を送付することに関しては，幼稚園では，学校教育法施行規則に示されている。一方，小学校学習指導要領は，次のように改訂された。

小学校学習指導要領
第１章　総則
第２　教育課程の編成
４　学校段階間の接続

教育課程の編成に当たっては，次の事項に配慮しながら，学校段階間の接続を図るものとする。

（1）幼児期の終わりまでに育ってほしい姿を踏まえた指導を工夫することにより，幼稚園教育要領等に基づく幼児期の教育を通して育まれた資質・能力を踏まえて教育活動を実施し，児童が主体的に自己を発揮しながら学びに向かうことが可能となるようにすること。

また，低学年における教育全体において，例えば生活科において育成する自立し生活を豊かにしていくための資質・能力が他教科等の学習においても生かされるようにするなど，教科等間の関連を積極的に図り，幼児期の教育及び中学校以降の教育との円滑な接続が図れるよう工夫すること。特に，小学校入学当初においては，幼児期において自発的な活動としての遊びを通して育まれてきたことが，各教科等における学習に円滑に接続されるよう，生活科を中心に，合科的，関連的な指導や弾力的な時間割の設定など，指導の工夫や指導計画の作成を行うこと。

このような法的根拠をふまえ，円滑な移行のための，幼保小の連携の方策を具体化していくことが大切である。

（4）幼保小連携におけるポイント

2017（平成29）年の改訂（定）では，幼稚園から高校までを貫く，育みたい資質・能力，「知識及び技能」「思考力，判断力，表現力等」「学びに向かう力，人間性等」の3つの柱が示された。幼稚園から高校まで貫くということは，幼稚園教育で完結するのでなく，小学校以降の教育へと発展するよう学びの連続性を確保していくということである。

また，「幼児期の終わりまでに育ってほしい姿」は，5領域のねらいおよび内容にもとづき，また，内容の取扱いをまとめ直し，幼児期にふさわしい遊びや生活を積み重ねることにより，幼稚園教育で育みたい資質・能力が育まれている幼児の具体的な姿である。これらは到達目標ではないこと，個別に取り出されて指導されるものではないことに留意しなければならない。これを手がかりにして，小学校の教師と保育者が子どもの姿を共有することで，幼稚園教育と小学校教育の円滑な接続を図ることが大切である。

「小学校教育との接続」では，「幼稚園教育で育まれた資質・能力を踏まえ，小学校教育が円滑に行われるよう，小学校の教師との意見交換や合同の研究の機会を設け，「幼児期の終わりまでに育ってほしい姿」を共有するなど連携を図り，幼稚園教育と小学校教育との円滑な接続を図るようにするものとする」ことが重要である。

それは，単に交流活動やイベントの参加で終わるのではなく，教育課程の連続性を求めているのである。幼児教育は，小学校教育の先取りをすることではない。就学前までの幼児期にふさわしい教育を行うことが，何より重要なのである。幼稚園・保育所・認定こども園の保育者と小学校の教師がともに，幼児期から児童期への発達を理解し，子どもたちに求められる資質・能力とは何かを共有し，連携する。さらには，小学校だけでなく，社会へと開いていく，「社会に開かれた教育課程」の実現が求められている。

引用文献

1）文部科学省『幼稚園教育要領解説』フレーベル館，2018，p.104

2）同上

3）文部科学省『幼稚園教育要領解説』フレーベル館，2018，p.121

参考文献

・文部科学省『指導計画の作成と保育の展開（幼稚園教育指導資料　第１集）』フレーベル館，2013

・文部科学省『幼児理解と評価（幼稚園教育指導資料　第３集）』ぎょうせい，2010

・古橋和夫編著『子どもの教育原理―保育の明日をひらくために』萌文書林，2011

・塩美佐枝編著『新幼稚園幼児児童要録記入のポイント＆実践例』学習研究社，1993

・小田豊監修『保育者論』光生館，2012

・厚生労働省編『保育所保育指針解説』フレーベル館，2018

・津金美智子『幼児教育じほう』平成29年６月号，全国国公立幼稚園・こども園長会，2017

・無藤隆『幼児教育じほう』平成29年５月号，全国国公立幼稚園・こども園長会，2017

第7章 子育ての支援と保育相談

子どもの健やかな成長・発達のためには，保護者に心を寄せ，ともに子どもを育てていく保育者の姿勢が求められる。本章では，子育ての現状，子育ての支援の重要性や，保育相談の基本的な姿勢について理解を深めよう。子育ての支援の内容や方法については，具体的な事例を通して考え，さまざまな保護者への対応について学んでいこう。

7-1 育児不安の現状と背景

育児は誰がするのか，そして，育児不安とはどのようなことを指すのか，育児不安はなぜ起こるのか，ここではそれを考えてみよう。

（1）母親の現状

子どもが生まれると母親や父親になり，同時に育児が始まる。多くの場合，それは父親よりも母親に任されることが多いが，育児に携（たずさ）わるすべての母親が育児についての知識や技術があるわけではない。これは父親も同様である。ほとんどの人は知識や技術がないままに，子育てを始めるのである。たとえ，親になる以前に育児を見たり手伝ったりした経験があったとしても，実際に自分でしてみると簡単にいかないことも多い。それは，親世代が育ってきた環境とともに，子育ての環境そのものの変化が影響していると考えられる。

現代の若い親たちの育ってきた背景を考えると，地域社会とのかかわり，きょうだい，ほかの子どもたちとのかかわりが減少してきた時代である。知識や経験がないまま育児をするのは，大変なことといえるだろう。「授乳の仕方がわからない」「母乳やミルクはどのくらい飲んだらいいのか」「離乳食をつくるのは手間がかかって大変」「せっかくつくったのに食べてくれない」「泣きやまない」「体重が増えない」「これで大丈夫なのだろうか」など，はじめての育児では心配事が尽きないものである。知識や経験もないなかでの育児に不安を抱く親は少なくないのである。

また，1・2歳の自我が芽生えてきた子どもは自分の意思を通そうとするので，大人からすると扱いにくい状況になる。そうした発達に伴う課題もあり，それを受け止めきれないこともある。言うことを聞かないといって強くしかったり，しかってしまった自分を責めたり，親自身も自問自答を経験するのである。命をはぐくむ責任の重さの実感と，はじめての経験への不安もあるだろう。

（2）育児不安

育児不安を考えるときに，こうした母親の置かれている現状や社会背景に目を向けることも大切である。日本の社会では，男性は外で働き，女性は家庭での仕事をするという慣習が長い歴史のなかで培われてきている。女性の社会進出，活躍が重視されるようになった現代社会においても，このような考えが払拭されたとは言い切れない。

子どもが生まれるとすぐに育児が始まる。両親が仕事をしている場合には子どもを誰かに預けなければならないが，預けるところがなければ，どちらか一方は仕事を続けることができない。育児休業などの制度があるが，職業や立場によっても取れるとは限らず，育児休業の期間にも違いがある。さらに育児休業を取る男性は，日本の社会ではまだわずかである。子育ての支援（幼稚園教育要領では「子育ての支援」，保育所保育指針では「子育て支援」という言葉を使用している）がない限り，ほとんどは女性が退職して育児をすることになる。

そうした社会状況や男女の働き方に問題があるなかで育児を始める親にとっては，それまでの生活の仕方が大きく変化することになる。とくに育児を任されることが多い母親にとっては，育児に費やす時間が増え，「自分の時間がなくなる」と感じたり，「今までやってきたことができない」と感じたりすることで，ストレスも生じる。「この子を立派に育てなければならない」とプレッシャーを感じたり，ほかの子どもと比較して焦りを感じたりすることもあるようだ。人によって感じ方・考え方の違いがあるので一概にはいえないが，育児不安は，前述したように母親のおかれている現状や育児のストレスと関連して起こりやすいといえるだろう。

以下に，妊娠出産子育て基本調査を示す。この調査は，日本全国の第一子を妊娠中（後期）の妻・夫，満0歳～2歳の第一子をもつ妻・夫を対象に，2006年と2011年に実施されたものである。おもに2011年11月に調査した部分を見てみよう。

まず，妊娠年齢の平均は，妊娠後期の妻が30.4歳で，2006年のときより1歳上昇している。自分の子どもをもつ前に赤ちゃんに身近に接したり，世話をしたりする経験があったかの問いに「あった」と回答しているのは，妊娠後期の妻が

57.2％で，妊娠後期の夫が42.3％であるから，約半数は赤ちゃんと触れ合う経験のないままに親になるということがわかる（図表１）。

母親の子育て意識・行動を見た調査では，夫より妻のほうが育児についてストレスを感じることが多い（図表２）ことや，０歳児より１歳児・２歳児のほうがストレスを抱えることが多い（図表３）ことが示されている。妻の数値でストレスを感じる人が多い項目には「自分のための時間を確保するのが難しい」「子どもに文句や不平を言われたり，駄々をこねられたりする」「夜泣きがひど

●図表１　赤ちゃんとのふれあい経験（経年比較）

	2006年		2011年
妊娠期妻	57.7		57.2
妊娠期夫	48.7	>	42.3
育児期妻	50.9		51.1
育児期夫	43.5		45.1

（％）

注１）「はい」の％
注２）<>は５ポイント以上差があるもの

●図表２　子育て生活での経験とストレス（2011年）

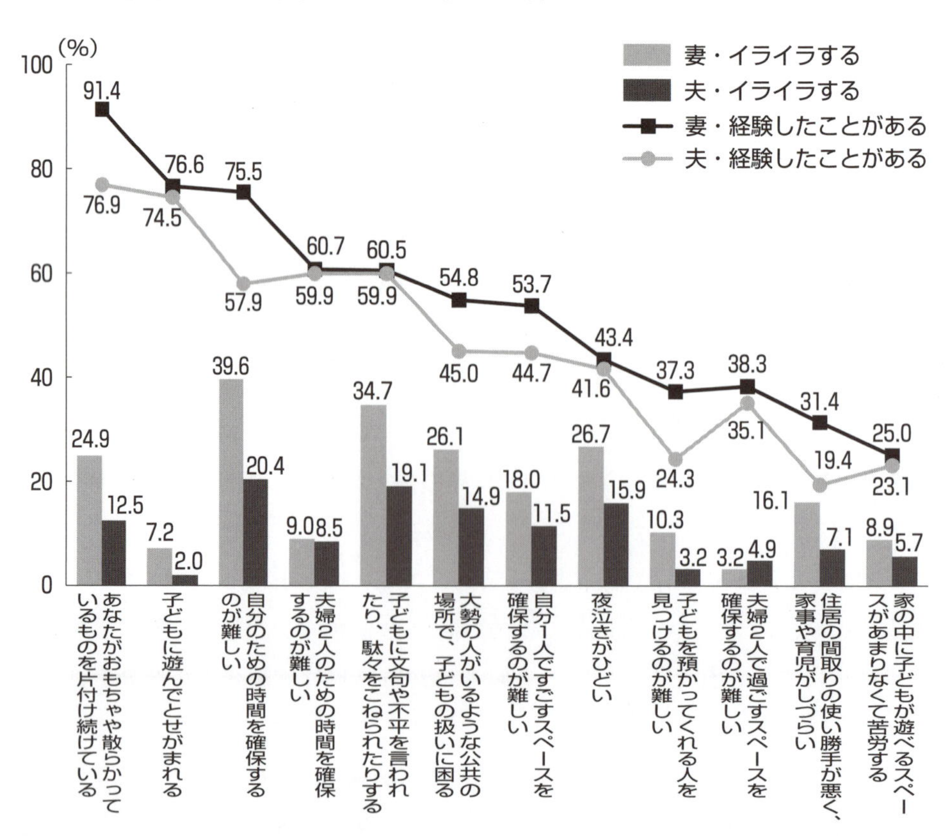

注）「イライラする」＝「非常にイライラする」＋「ややイライラする」の％。「イライラする」は「経験したことがある」人のみ回答しているが，ここでの％は有効回答全体を母数にして算出している。

●図表3　子育て生活でのストレス（2011年子どもの年齢別）

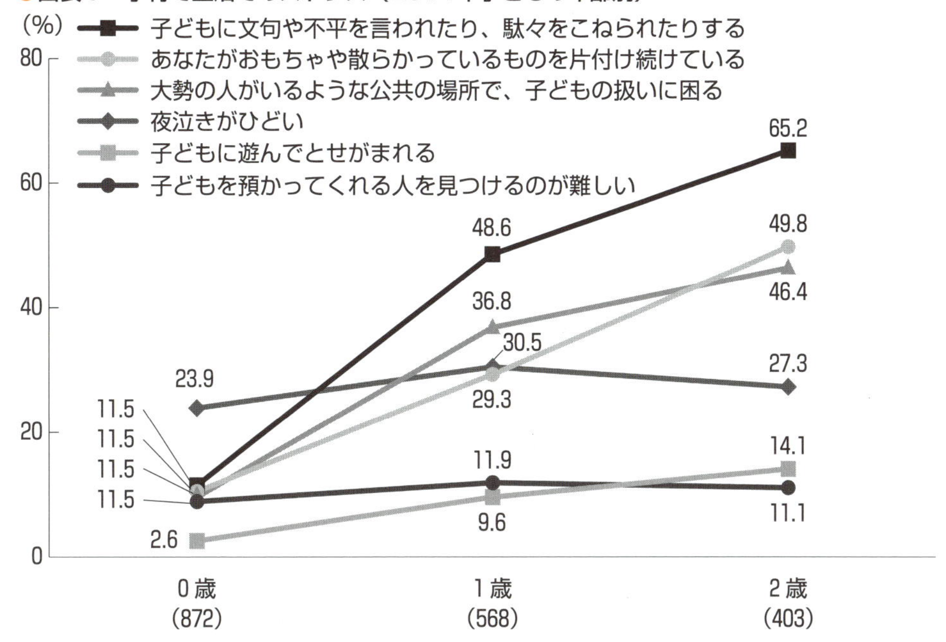

注1）非常にイライラする」＋「ややイライラする」の%。「イライラする」は「経験したことがある」人のみ回答しているが，ここでの%は有効回答全体を母数にして算出している。
注2）12項目中，6項目を図示。
注3）（　）内はサンプル数。
（図表1, 2, 3はベネッセ教育総合研究所『第2回妊娠出産子育て基本調査（横断調査）報告書』2011）

い」などがあげられる。

これらは，経験率としては4割から6割にとどまるが，経験者にとってはストレスにつながりやすいものであることがわかる。夫よりも妻のほうがストレスに感じるのは，夫と妻の頻度の違いや，子どもと接する時間の長さが影響すると考えられる。また，図表2では，子どもの年齢が高いほど「イライラする人」の比率が高いことが示されている。0歳児の母親に比べて1歳児・2歳児の母親のほうが子どもの言動からのストレスを抱える機会が多いのは，(1)でも述べたが，子どもの発達にともなう課題とも関連するといえるだろう。

（3）子育てを巡る社会背景

社会背景を考えてみよう。さまざまな情報が氾濫（はんらん）しているのが現代社会である。多くの情報に振りまわされる保護者もいる。保護者は，子どもの教育やしつけについての情報を家族から得る場合が多いが，育児・教育雑誌やインターネット上から得ることも多い。

なかでも，インターネット上の情報は，瞬時に得ることができ利便性が高いので，それを利用する人は多くなっている。経験や知識がないことで，それらを頼りに育児をしようとする母親が増加するのは，時代の変化のなかで自然なことなのかもしれない。しかし，得られた情報を頼りに子育てをしようとしても，マニュアル通りにはいかない。子どもは一人ひとり違うからである。そうしたなか，子どもが思い通りにならない，言うことを聞いてくれないといった状況に遭遇し，イライラ感を募(つの)らせることも起きてくる。

また，地域とのかかわりも減少している。地域での子どもを通じたつき合いの調査結果を見ると，妻・夫ともに減少していることがわかる。そして，その傾向は0歳児の子どもをもつ親や，母親の年齢が低い場合に顕著である（図表4）。居住している地域に子どもを通じてつき合う人がどれくらいいるかの調査で，妻

●図表4　近所づきあい（経年比較）育児期　妻

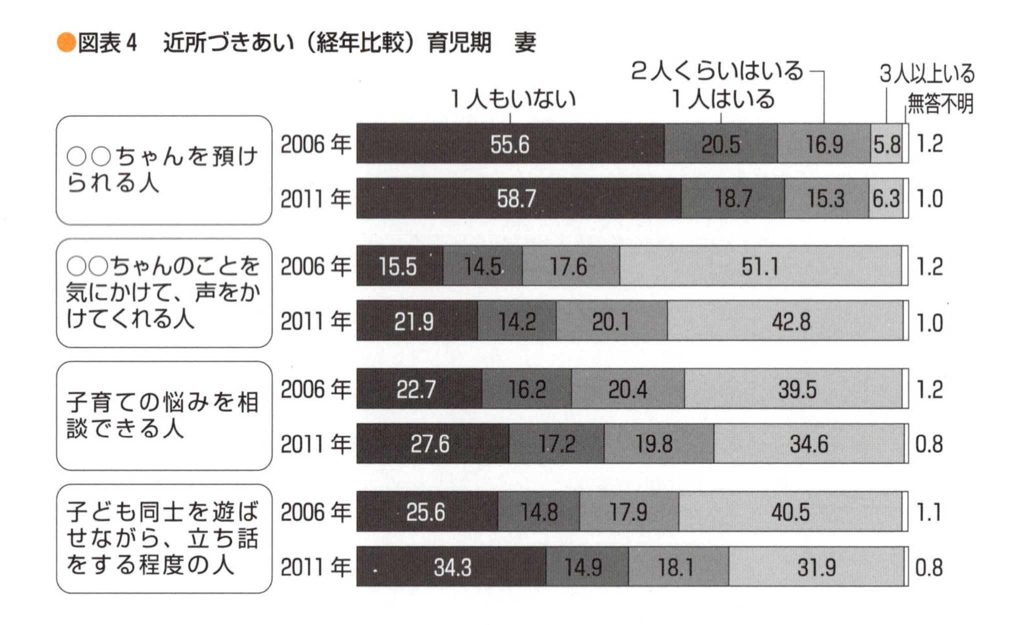

●図表5　地域での子どもを通じたつきあいの有無（経年比較全体・子どもの年齢別）育児期　妻

(%)

		1人もいない群	1人以上いる群
2006年	全体（1,823）	9.2	90.8
	0歳　（814）	11.1	88.9
	1歳　（612）	8.8	91.2
	2歳　（397）	5.8	94.2
2011年	全体（1,812）	14.7	85.3
	0歳　（860）	19.0	81.0
	1歳　（557）	11.7	88.3
	2歳　（395）	9.9	90.1

●図表6　子育て意識（2011年地域での付き合いの有無）育児期　妻

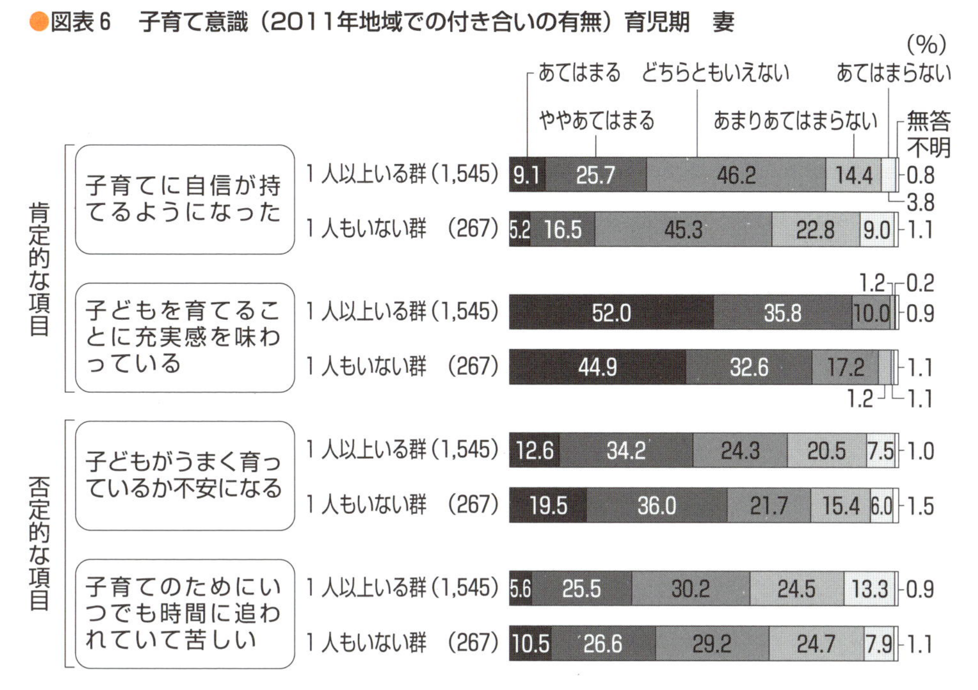

（図表4, 5, 6はベネッセ教育総合研究所『第2回妊娠出産子育て基本調査（横断調査）報告書』2011）

の結果（図表5）を見ると，4つの項目について「一人もいない」と回答している人が2006年の調査より2011年で増加している。地域での子どもを通じたつき合いの有無の全体では，一人もいない群が2006年では9.2％だったが，2011年では14.7％に増えている。

こうした調査結果からも地域とのつながりの減少傾向がわかる。子どもをどのように育ててよいかわからないときに育児のモデルがない，相談する相手が身近にいない，協力者がいないといった状況に置かれた母親は，一人で育児の責任を背負いこみ，想像を超える不安やとまどい，疲労感を経験することになるのだろう。「未経験のこと」を「一人でする」という不安・とまどい・孤立感によって育児のストレスが強くなることも想像できる。

子育て意識の調査（図表6）では，地域でのつきあいのある群のほうが子どもを育てることに自信がもて充実感を味わう率が高い。そして不安が少ない。手探りの育児だからこそ，誰かの手助けや，身近に話す相手が必要になるのである。

7-2 子育ての支援

（1）子どもたちと保護者の状況

子どもたちの状況を見てみよう。もう15年以上も前からであるが，3歳で幼稚園に入園してくる子どもに変化が見られる。朝食を食べないで登園する，疲れやすい，オムツをしたままで入園する，生活習慣が身についていない，人とかかわる経験が少ないなど，こうした子どもたちが増加している。

一方で，体操教室・プール・ピアノ・英語・劇団など，稽古事や塾に通う子どもが増えている。時代の趨勢とともに子どもが育つ環境が変わり，安全な遊び場の減少，自然や人とかかわる体験の減少により，本来，子どもの心身の発達をうながすうえで必要な遊びの経験が得られない状況になっている。

保護者はどうだろうか。保育者が，朝食を食べないで登園してくる子どもの保護者に対して，健康上の配慮から朝食をとって登園するように話すと，自分も食べないから子どもにも食べさせない，朝食をとらないのは自分の家の方針だと言ったり，お菓子しか食べないからと言ったりする。これは1つの例である。このように自身の経験にもとづく価値観で子育てをしている場合もあれば，子どもにとって何が大切かを考えられない場合もあるようである。

保護者は実にさまざまな価値観をもっており，その結果，保育者の発言が受け止めてもらえないことや，子どもにとってはモデルにならない行動なども見られる。そして，全体的な傾向としては，子育てを幼稚園・保育所・認定こども園任せにする保護者が増加していることである。

子どもの成長にとって，家庭・地域社会での生活と幼稚園・保育所の生活は連続性があり切り離せない。子どもの健やかな成長を促すためには，家庭や地域社会との連携を深め，積極的に子育てを支援していくことが求められる。保護者が安定した気持ちで子どもにかかわり，子どもたちが幼児期に必要な体験ができるようにすること，子どもの成長・発達をよろこび，見守ることができるようにすることが大切になる。

（2）幼稚園・保育所・認定こども園に期待されること

幼稚園・保育所・認定こども園と家庭には，それぞれに役割がある。双方とも子どもの成長・発達に重要な役割を担っているので，それぞれが十分にその機能を発揮することが大切になる。しかし，家庭の教育力が低下してきて，その機能が十分に発揮できない現状である。幼稚園や保育所，認定こども園では，各家庭の状況をよく理解し，連携の方法を考えていく必要がある。その場合，幼稚園・保育所・認定こども園は，家庭に要求するだけでなく，保護者の立場を理解し，相互に支え合う関係を構築することが基本になる。

幼稚園教育要領解説には，幼稚園の運営に当たっては，「幼児期の教育に関する相談に応じたり，情報を提供したり，幼児と保護者との登園を受け入れたり，保護者同士の交流の機会を提供したりするなど，幼稚園と家庭と一体となって幼児と関わる取り組みを進め，地域における幼児期の教育のセンターとしての役割を果たすよう努めること」[1] と記述されている。また，幼児の健やかな成長を促すためには，具体的に次のような役割が求められる。子育ての支援の観点から，幼稚園には多様な役割を果たすことが期待されており，以下はその具体的な例である。

① 地域の子どもの成長，発達を促進する場としての役割
② 遊びを伝え，広げる場としての役割
③ 保護者が子育てのよろこびを共感する場としての役割
④ 子育ての本来のあり方を啓発する場としての役割
⑤ 子育ての悩みや経験を交流する場としての役割
⑥ 地域の子育てネットワークづくりをする場としての役割[2]

保育所においては，保育所保育指針に示された保育所の役割に，子育て支援として「保育所は入所する子どもを保育するとともに，家庭や地域の様々な社会資源との連携を図りながら，入所する子どもの保護者に対する支援及び地域の子育

て家庭に対する支援等を行う役割を担うものである」[3]とある。また，「保育所の子育て支援は，児童虐待防止の観点からも，重要なものと位置付けられている」[4]。幼保連携型認定こども園教育・保育要領では，「子どもの育ちを家庭と連携して支援していくとともに，保護者及び地域が有する子育てを自ら実践する力の向上に資するよう」[5]として詳細に留意点が示されている。これは保育所保育指針にも記載されている。幼稚園・保育所・認定こども園ともに子育ての支援が重要になる。

（3）子どもの成長・発達を伝える

さて，保護者はどのようなときに子育てのよろこびを感じるのだろうか。もっともよろこびを感じるのは「子どもの成長・発達が見えるとき」ではないだろうか。食事や身のまわりのことなどを100％依存していた乳児の時期から，子どもが少しずつ自立していくのはうれしいことである。子どもは，育つ過程で病気にもなる。したがって保護者は，食事や睡眠，健康・安全など，生活全般に気を使わなければならない。子どもが友だちを求めるようになれば友だち関係にも心を砕くようになる。こうしたことから，保護者が子育てのよろこびを感じるために大切なことは，子どもの成長を保護者に伝えることといえるだろう。

しかし，子どもたちが暮らす幼稚園や保育所，認定こども園の生活ではさまざまなトラブルが起こる。そのトラブルは子どもの成長・発達には重要な学びになるものだが，ただ事実や結果のみを伝えられた場合，保護者は不安を募らせるだけだろう。保育者は，何をどのように伝えるかを十分に考える必要がある。そうした配慮があってこそ，保護者が幼稚園・保育所，認定こども園を信頼し，安心できるようになるのである。

子どもたちが，幼稚園や保育所，認定こども園で安定して遊び，充実した生活を送っていること，健やかに育っていること，それがわかることが保護者の安心とよろこびにつながる。また，わが子の成長を通して，幼児期に何が大事かを知ることにもなる。わが子の成長を見て，子育ての楽しさやよろこびを味わうことは，子どもを育てるうえで大切なことである。子どもの育つ姿は，どのような言葉より説得力をもつのである。

また，一生懸命に子育てをしている保護者自身が，他者に認められることもよろこびになる。したがって保育者には，保護者に共感的に寄り添い，保護者を認める姿勢も重要になる。保育者は，子どもの成長・発達のために，何をどのようにするとよいのか，それを保護者とともに考えていくことが大事になる。そのことによってはじめて，保護者との心のつながりができ，信頼関係が築かれるのである。

幼稚園・保育所・認定こども園と家庭との連携の目的は，一人ひとりの子どもの生活が充実することである。日々の園生活のなかにある日常的なことを連携の機会として大事にしなければならない。

7-3 連携の具体的方法

（1）日常の送迎時の対話

一番実施しやすいのは，日常の送迎時を活用した対話である。その日の出来事をなるべく早く伝えることには価値がある。出来事の事実と，そのときの子どもの様子，推測した本人の気持ちと保育者の対応，そして保育者がその子どもの成長をどんなによろこんでいるかなどを伝えていく。子どもの様子を知りたいと思っている保護者にとってはうれしいことである。子どもに愛情をもって，保護者とともに子育てをしていることが伝わるようにすることが大切になる。

子育てに関心を示さない保護者がいた場合でも，そうした保育者の真摯な態度が少しずつ伝わっていくことで，子どもの成長に関心をもつようになっていく。子どもへの愛情をもつこと，保育への責任感，使命感が土台になる。これは保育者としての大切な資質能力である。

（2）個人面談

子どもの様子をより綿密に伝えるには，一人ひとりの保護者とていねいに話す時間と場が必要になる。そこで，個人面談の機会を設ける園も多い。子どもの生活は，幼稚園・保育所・認定こども園と家庭と連続性があるので，家庭での様子を把握することは重要である。面談によって保護者の悩みや子育ての方法を知ったり，保育者の気づかない子どもの一面を知ったりすることもできる。

面談では，座る位置も含めて話しやすい雰囲気をつくることが重要になる。もっとも基本となるのは保護者に寄り添う保育者の姿勢である。保護者が，子どもへのかかわりについて不安をかかえている場合には，その思いをしっかりと受け止めることが必要である。そして，受け止めてもらっていることを実感できるようにし，保護者自身が自分で子育ての仕方を振り返るきっかけになるようにすることが重要になる。

（3）保育参加，保育参観

保護者と子育てのよろこびを共感するには，園での子どもの様子を知ってもらうことが大切になる。先にあげた日常の対話や個人面談では個人に視点が当たるが，クラス全体，園全体を視野に考えることも大切である。その1つに，保育参加，保育参観，園行事などへの参加があげられる。

保育参観では客観的に子どもの様子を見てもらうこと，保育参加では子どもと楽しさを共感することが期待できる。これらは時期を考慮して定期的に実施する場合もあれば，特定の行事を活用して年に数回実施する場合もある。いずれにしても，保護者の事情に配慮しながら行うことが重要である。

保護者は，保育を見たり保育に参加したりする場合，自分の子どもがどう過ごしているか，自分の子どもと保育者のかかわりがどうかと，自分の子どもを中心に見ている。また，自分の子どもとほかの子どもとの比較もする。そうしたことは当然のこと，と受け止める力も必要である。そのうえで，保育者には，活動の経過や意味，ねらい，その時期の子どもの発達などを理解してもらう努力が必要になる。さらに，保護者が保育者の子どもへのかかわりを見ることで，子育てについて学ぶ機会となるよう，意識して保育を展開することも重要である。

（4）懇談会

保育参観のあとに，懇談会を計画することもある。その日の子どもの様子を話し合うことで，保護者は子どもの発達について理解をし，子育てのヒントを得ることになる。方法はさまざまで，クラス懇談や子どもの年齢別グループを構成した懇談などがある。

クラス懇談では，担任と保護者との話し合いになるので，クラスの子どもたちの成長が話題にのぼることが多い。また，個々の子どもの問題や保護者の子育てに関する悩みが話題にのぼることもある。話し合いを通して，自分の子どもの理解と同時に，担任の方針や同年齢の子ども同士のかかわりや発達の理解が得られるようになっていく。

年齢別グループを構成した懇談では，担任以外の保育者，園長などが加わることもある。年齢の異なる子どもの保護者同士が感じたことや経験を語るので，多様な情報の共有ができる。子どもをはじめて入園させた親にとっては，園生活で子どもがどのような経験をするのか，どのように育つのか予想がつかないが，経験者の具体的な話を聞くことでイメージをもつ助けになる。入園から修了までの見通しをもつことにもなり，安心感にもつながる。また，子育てのヒントを得ることができたり，保護者同士のつながりが生まれたりする。園の教育に対する理解を図るうえでも重要なものといえる。

（5）保護者の力を生かす

保護者は，さまざまな能力をもっている。幼稚園と保育所，認定こども園では保護者の働き方に違いがあり，条件が異なるが，幼稚園の保護者のなかには，幼稚園で自分が何かすることを楽しみにしている人もいる。その保護者の力を子どものために発揮してもらうことも１つの方法である。

たとえば，保護者対象の手芸教室，楽器演奏経験者による子ども対象のミニコンサート，子どもとともに行う栽培活動，環境整備など，園で大切にしていることを保護者と共有しながら，相互に力をだして子どもを育てていくのである。このことは保育者，保護者，子どもの三者にとって楽しいものになる。

しかし，こうした保護者の協力を求めることに関しては配慮しなければならないこともある。協力したくても事情があってできない保護者や，やりたくないと思う保護者もいる。配慮が欠けると，保護者によっては無理をする，不満をもらす，ということも起こる。それぞれの家庭の事情を理解し，負担を強いないことも大事なことである。保護者の多様な価値観を受け止め，協力の有無にとらわれず，いろいろな機会に家庭の事情に配慮している姿勢を示すことが大切になる。

（6）多様な子育ての支援

上の例のほかに，井戸端会議，園庭・園舎の開放，子育て公開講座，地域の高齢者や子育てサークルとの交流など，地域や園の実態に即してさまざまな活動が行われている。このような子育ての支援は，園内の子どもを対象にするだけでなく，広く，地域の人々を対象に行うことが大切になっている。たとえば，未就園児と保護者の親子登園である。これによって未就園児と保護者のつながりが深まることは入園後の生活にも影響してくる。子どもにとっても保護者にとっても幼稚園への接続が円滑になるのである。

幼稚園や保育所，認定こども園で子育ての支援を行う場合には，地域の人々が気軽に利用できるような雰囲気づくりが求められる。憩(いこ)いの場の提供，掲示板を活用して子育てのヒントを発信する，そこに集まった人々に職員から声をかけて話すなど，さまざまな工夫が求められる。

（7）連携に当たっての配慮

幼稚園や保育所，認定こども園から，協力依頼や注文，子どもについての指摘が増えると，保護者は不満をもつようになる。保護者は本音を語らなくなり，園と保護者の距離は遠のき，連携は難しくなる。とはいっても，それぞれの園には理念や教育保育方針があり，それは子どもを健やかに育てるためのものであるから，保護者の理解が図れるようにしなければならない。理念は言葉で説明しただけでは伝わらないので，具体的な子どもの姿で示すことが重要になる。

また，保育者と保護者とでは，ものの見方，考え方，受け取り方が違うことも多い。保育者にとっては当たり前と思うことでも，保護者には理解できなかったり，違った受け止め方をしたりすることもある。それに気づかないでいると大きな溝が生じる。連携を図るうえでは，そのような実態を理解しておく必要がある。保護者の理解が得られなければ，園と保護者の信頼関係は構築できないのである。

連携に当たって保育者に求められる基本的な姿勢は，保護者とともに子どもを育てていくという姿勢，保護者の考えを十分に聞く姿勢であろう。価値観の多様化している保護者の考えを聞きながら連携をしていくには，時間と細やかな心遣いが必要になる。

保護者との連携は，子どものための連携である。「子どもの生活の充実」「子どもの成長・発達」，それを促すことを考えて連携していかなければならない。保護者との連携は，子どもの成長・発達に影響するので積極的な取り組みが必要になる。保育者には，どのような子どもを育てるかという確固たる信念と，保護者の立場に立とうとする姿勢，保護者への心配り，保護者とコミュニケーションをとる力などが必要になる。かかわりの基本的な姿勢である「傾聴力」のほかに，「状況把握力」や，保護者に考えをしっかりと伝える「表現力」も求められる。保育者を目指すにあたり，これらの力が培えるように自己研さんを積まなければならない。

さまざまな保護者へのかかわり方

子育てを取り巻く環境は大きく変わった。子育てに関する情報は多いが，近所の人に相談したり協力を求めたりする関係ができていない現実である。そのため，子育てに不安を感じて子どもとの生活を楽しむことができなかったり，子どもに過剰な期待をかけたりするなどの姿がある。

保護者が保育者（幼稚園や保育所，認定こども園）に向ける相談は，しばしば，子どもの発達に対する理解不足や保護者自身の自己中心的な考え方などに起因している。

わが子がほかの子どもと比べて活発で，まわりから「乱暴な子」と思われていると感じると，ほかの保護者とのかかわりを避けたり，子ども同士のいざこざに保護者が出ていきひたすら謝ったりすることもあるようだ。また逆に，厳しすぎるほどわが子を注意するなど，極端な行動に走るケースも見られる。子育てはすべて自分の責任と感じて保護者が一人で解決に急ぐ姿が見られる半面，放任とも思える姿もある。

こうした状況のなかで，保育者には，保護者への助言やサポート，相談という役割がますます求められる。

家庭や地域で，子ども同士が遊ぶ姿を間近に見ることの少なくなった今，保護者が子どものすることに「おもしろさ」を感じて寄り添い，様子を見たり話を聞いたりして楽しさを共有しにくくなった。また，保護者も遊びの経験が少ないので，幼稚園や保育所，認定こども園では，遊びや生活を通して親子のかかわり方や子育てを保護者に伝えていくことも重要な役割となっている。

（1）保育相談―こんなはずではない

参観日や行事は，子どもにとってうれしい半面，いつもと違う雰囲気を感じたり緊張したりするものである。保護者が来たことにより，日常の園生活では見られない姿をあらわす子どももいる。このようなときに保育者は，保護者に子どもの発達する姿や園生活の様子を理解してもらうために，どのように対応したらよいのであろうか。

どうして私にまつわりつくのか

3歳児　6月

ユウジは園生活に慣れ，よく遊ぶ子どもである。入園後はじめての参観日，ユウジは落ち着きがなく，きょろきょろとまわりを見て，保護者が来るたびに振り向く。少し遅れてきた母親の姿を見つけるなり，駆け寄って「お母さん」としがみつく。保育者は「よかったわね。お母さんのこと大好きなのね」と声をかける。母親は，笑顔でまわりの様子を見渡したり，ユウジに向かって小声で「いつもは何して遊んでいるの，お母さんにも見せて」とやさしく言ったりしている。しかし，一向に離れないユウジに向かって「お母さん恥ずかしいでしょ，ユウくん，幼稚園に入ったのに赤ちゃんみたいよ」と次第にイライラした様子でわが子を何とか離そうと必死になっている。

片づけが終わり，みんなが保育者のまわりに集まるときに，ユウジは自分から母親から離れて一番後方に座る。いつもは，最前列の保育者のすぐそばに座り，元気に手遊びをするユウジが，その日はアンパンマンの手遊びが始まっても，後ろを振り向き母親のいることを確認している。

翌日，ユウジの母親が提出した「参観しての感想」の最後に，ユウジの園生活の様子について相談をしたいと書かれていた。

保育相談とその対応

ユウジの母親は，降園時に，担任の保育者からユウジは園生活に慣れよく遊んでいると聞いていた。参観日にはその姿を実際に見ることを楽しみにしていたのであろう。ところが，母親が目にしたのは，母親の足にまつわりつく不安そうなわが子の姿であった。

保育者もいつもと違うユウジの姿が気になっていたので，母親のその思いを共感的に受け止めた。そのうえで，３歳児の特徴についてていねいに話をした。入園して２か月あまりのこの時期は，園生活に慣れてきたものの，参観日は子どもにとってははじめてであり特別の日である。ユウジのように，お母さんが幼稚園にいるということがうれしくてそばを離れたくない子ども，いつもより張り切って遊んでいる子ども，興奮状態になって落ち着かない子どもなど，保育者から見ても予想していない姿があったことを話した。また，学年だよりの「参観にあたって」について説明不足であったため，ユウジの母親と同様多くの保護者の方に不安を与えてしまったのではないかと，素直に反省していることを伝えた。

そして，最近のユウジは，砂場で車の型ぬきをすることに興味をもっていることや，片づけや身のまわりのことなども自分からできること，手遊びや絵本が大好きであることなどを話した。ユウジの母親は，保育者の話を聞きながら，「そういえば，砂場で車？　何のことかわかりませんでしたが，砂の型ぬきのことだったのですね」と，わが子の園での具体的な様子を聞くことで表情が和(やわ)らいできた。

保育参観日や保育参加日は，保護者が，園での子どもの様子を見たり一緒に遊んだりして，子どもの発達や理解を深めたり，園の方針を知ったりしていく機会となる。一方，保育者が，保護者が子どもをどのように見つめどのように接しているかをとらえていく機会でもある。

ユウジの母親は，子育てには熱心であるが「お母さん恥ずかしいでしょ……赤ちゃんみたいよ」の言葉からは，自分の子育てに対する他者の評価を意識しているようにも思える。ユウジは，園生活に一見慣れてきているように見えても，まだ本来の自分を発揮できていないのかもしれない。だから，母親の姿を見たときにしがみついていたとも考えられる。あるいは，ユウジがいつものように遊ぶためには，園生活に慣れてきた安心感と，もう１つ，参観日に母親が遅れないで来てくれることによる安心感が

必要であったのかもしれない。つまり，母親が遅れてきたことが，ユウジに大きな不安を与えてしまったとも考えられる。

保育参観日や保育参加日の計画は，さまざまな保護者がいること，子どももいつもと異なる態度をあらわすことを想定したうえで，綿密に計画し実施することが大切である。何より，保護者が子どもの成長や園の方針を感じ取り，安心できるように計画し内容を工夫することが求められる。

保育者は，子ども一人ひとりだけでなく「親育て」をも視野に入れ，保護者一人ひとりにも寄り添い，子育てをともに考えながら連携し，相談，援助をしていくことが必要である。

（2）保育相談―うちの子はいじめられている

整列するときに一番前に並ぶことを巡ってのトラブルはよくあることである。保護者はそのような姿を目の当たりにしたとき，さまざまな思いを抱くであろう。次の事例から，どのように保護者に対応したらよいかを考えてみよう。

「順番だよ。僕のほうが先，ショウくんは僕の後ろ」

4歳児（2年保育） 9月

降園時に，誰が先頭に並ぶかを巡って，しばしばけんかが起こる。そこで保育者は，グループ単位で，順番に靴を履き替え園庭に並ばせることにした。

その日，ぞうグループから順に靴を履き替え，並ぶよう声をかけていった。しかし，ぞうグループのショウは，靴を履き替えるのが遅くなり，2番目のぱんだグループの子どもたちに紛れてしまった。ショウは少し遅くなったが，それでも，ぞうグループの友だちの後ろに並ぼうとする。すでに靴を履き替えて並んでいたぱんだグループのクニオの前に入ろうとすると「順番だよ。僕のほうが先，ショウくんは僕の後ろ」と押しだされてしまった。

ショウは何も言わずくやしさをこらえている様子であったが，たまたま迎えに来た母親と目が合った。そのとたん，ショウは大声をあげて泣きだした。

ぞうグループのシホは，「ショウちゃんは，私の後ろでいいんだよ，ぞうグループだから」と強い口調でクニオに言う。クニオは，「ここに来た順番だよ，ショウちゃんのほうが遅かった」と主張する。

ショウの母親は，ショウを引っ張って列の一番後ろに連れていき一緒に並ぶ。

保育者が「あら，ショウちゃん，どうしたの」と声をかけると，ショウの母親は，「あとで先生にお話があります」と言う。

保育相談とその対応

子どもたちが全員降園したあと，ショウの母親は保育者に「先生，うちの子いつも，クニオちゃんにいじめられているんです。今日もいじめられているところを見たんです」と興奮気味に話しだした。

この事例のように，並ぶ順番を巡ってのトラブルはよく見られる。集団生活のなかで，集まる，片づける，並ぶなどの行為は，個人差はあるにせよ子どもが自分からその必要性を感じて動けるようになることが望ましい。しかし，無意識のうちに保育者は，集団での行動が早くできるよう指示したり方向づけたりしているのかもしれない。また，子どもは，さまざまな場面でごく自然に他者と比較したり競争したりしているのかもしれない。

保育者は，最近，降園時に並ぶ順を巡ってトラブルが頻繁に起こることから，どの子どもも前列のほうになれるようにとグループ順に靴を履き替えるようにした。ショウは靴を履き替えるのに時間がかかり遅くなったが，ぞうグループはぱんだグループより前という受け止め方をしている。同じぞうグループのシホも，ショウと同じである。一方，ぱんだグループのクニオは靴を履き替えに行く順番は保育者の指示によるが，園庭に並ぶのはグループには関係なく靴を履き替えた順と受け止めている。

その結果，ショウは，行動が素早(すばや)く言葉で自分の思いを表現できるクニオに押し切られてしまった。ちょうどそのときに迎えに来た母親は，この場面だけを見て「うちの子はいじめられている」と感じ取ってしまったのであろう。

ショウの母親は，話すうちに落ち着きを取り戻していった。そして，ショウの行動がほかの子どもに比べて遅いことにいらだちを感じてしまうと話した。保育者は，確かに遅いが，几帳面でていねいであるという長所を伝えた。そして，この日のトラブルの原因は，グループごとに靴を履き替えるが，並ぶときもグループ順であるのかそれとも靴を履き替えた順であるのかという個々の子どもの受け止め方の違いによるものである。保育者としては並ぶときも当然グループ順と思っていたが，クニオのような受け止め方もあること，ショウとクニオのトラブルは，保育者の指示が曖昧であったのが原因であり反省していることを伝えた。するとショウの母親は「先生は子どものことをよく見ているのですね。大変ですね。よろしくお願いします」と笑みを浮かべた。

保育者は，保護者一人ひとりの心の動きを受け止めながら，保育者自身の思いや気づきを素直に伝えていくことが大切である。何より保護者は，保育者がわが子のことをしっかり見ていてくれると感じ取ったときに，心を開き信頼を寄せるのである。

（3）保育相談―実は，おねしょの心配が……

ノボルの幼稚園では，年長児のみ夏休みにお泊まり会をする。日頃から慣れ親しんでいる幼稚園が宿泊場所となる。

この一泊が，子どもにとっても保護者にとっても楽しみである半面，大きな不安となる場合がある。毎年，この行事を前にして，わが子が親と離れて宿泊した経験がないことへの不安，夜尿の問題，偏食，持病などの悩みを相談に来る保護者がいる。

母親の相談「お泊り会が不安」

5歳児　7月

7月に入り，お泊まり会が近づくにつれ，「僕はおばあちゃんちへ一人で泊まったことあるよ」「スイカ割りをするんだよね」「花火も」「僕はノボルくんの隣で寝たいな」などの会話が聞かれる。

そういえば，ここのところノボルは元気がないようであると保育者は感じている。何か，お泊まり会のことで不安があるのかもしれない。そんな矢先，ノボルの母親から相談があった。母親の話では，ノボルは夜尿が心配で，今も紙おむつパンツを使用しているということ，さらに，家以外で大便をすることに抵抗感をもっていること，失敗しても恥ずかしいことではないと伝え何度か挑戦してみたが，いつの間にか自分でこっそり紙おむつパンツに履き替えて寝るということである。そして最近は「幼稚園へ行きたくない」「やっぱりお泊まり会やめようかな」と不安そうである，と話した。母親は一気に話すと，目頭を押さえて，「私の育て方が間違っていたのでしょうか」と泣きはじめた。

保育相談とその対応

ノボルは，まわりの子どもたちからサッカーやかけっこが得意な子として慕われている。勝ち負けのある遊びでは，みなノボルのチームになりたいと言うほどである。そのため，母親からの相談は意外であった。しかし，母親から話を聞くことで，最近のノボルの不安そうな態度の理由が理解できた。母親には，勇気をもって相談してきたことを認め，一緒に考えていく姿勢を示した。

年長になると，他者が自分をどのように見るかを気にするようになる。今は，お泊まり会に参加したい自分と，就寝時におむつを使用することで自尊心を傷つけられる自分を考え，一番悩み葛藤しているのはノボルであるという事実を母親と共有した。そしてお泊まり会は，そのハードルを越える大きなチャンスと前向きに考えていくことにした。また，家庭では家族からお泊まり会の話題はださないようにし，最終日までノボルの意思（参加・不参加）を尊重しようと決めた。どのようになるかわからないが，とにかく，母親は，悩みを話したことで落ち着きを取り戻した様子である。

2回目の面談では，母親は，ノボルはお泊まり会に必要なパジャマや下着，シーツ，タオルなどを自分からリュックに詰め準備したと話した。その際，母親が「このパンツ（紙おむつパンツ）どうしようか」と言うと，ノボルはしばらく考えてから「もっていくけど，このリュックには入れない」とはっきりした口調で答えたということである。

「どこに入れていくの」の問いには答えず，気まずい沈黙が続いたので，母親が小さな袋を用意しそのなかにパンツを入れ「先生に大事なものって預かってもらって，取りに行ったらもらうことにしようか」と提案すると，うなずいたということである。また，お泊まり会への参加の有無については何も言っていないが，参加する気持ちで準備をし，自分の不安と闘っているようだと話した。なお，母親が保育者にパンツや排泄のことを相談していることをノボルは知らない。保育者もそのようにノボルとかかわり，見守っていくことを約束する。

お泊まり会

お泊まり会当日を迎えた。ノボルもやや緊張した様子でやってきた。保育者を見るなり，リュックから小さな布袋を取りだし，「先生，大事なもの置いといて，取りに来たら返して」と言う。保育者は「わかった」とだけ言い受け取った。

有志の保護者，ボランティアの大学生の援助のもと，次々と，スイカ割り，ゲーム，花火大会，夕食，シャワータイム，肝試しと時間は過ぎ，就寝時間となった。興奮気味に続いていたおしゃべりも静まり，みんな眠りに就いた。

数名の保護者から，明け方子どもに声をかけトイレに連れて行ってほしいと頼まれていたので起こした。ノボルはどうしようと一瞬迷ったが，よく眠っているのでそのままにした。

翌朝，朝食時に会話をしているノボルの姿は，一晩のうちに大きく成長し自信にあふれていた。おねしょと，外での大便という排泄のハードルを乗り越えたのである。

母親が不安を他者に相談して精神的に安定することは，子どもにも安心感を与えることとなる。子どもは，母親の態度や気持ちの微妙な変化に敏感である。ノボルがこの高いハードルを乗り越えることができたのは，保護者と保育者の信頼関係と連携によるといえるのではないだろうか。子どもが不安としているハードルを乗り越えるには，信じて待つこととチャンスを生かすことが大切である。

7-5 気になる子どもへの援助

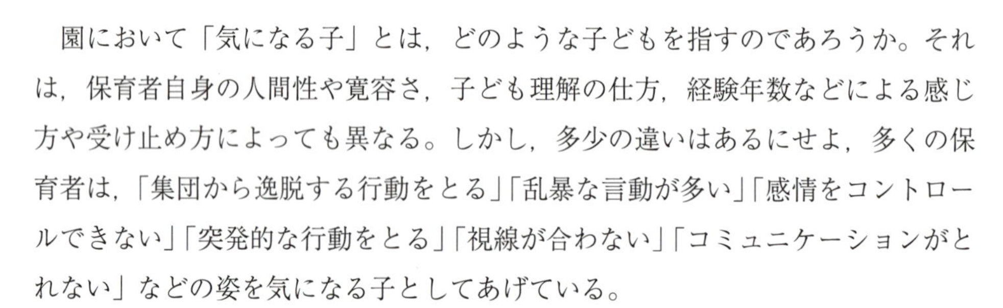

園において「気になる子」とは，どのような子どもを指すのであろうか。それは，保育者自身の人間性や寛容さ，子ども理解の仕方，経験年数などによる感じ方や受け止め方によっても異なる。しかし，多少の違いはあるにせよ，多くの保育者は，「集団から逸脱する行動をとる」「乱暴な言動が多い」「感情をコントロールできない」「突発的な行動をとる」「視線が合わない」「コミュニケーションがとれない」などの姿を気になる子としてあげている。

乳幼児期は，生活習慣や行動の問題，園生活への不適応など発達に個人差があるのは当然のことである。しかし一方で，発達障害が疑われる子どもの問題が増えてきている。さらには，虐待が疑われる子どもの問題，外国籍の子どもの課題も起こっている。

近年，保育の対象となる低年齢児の比率が大きくなり，長期間にわたる園生活で保育者の果たす責任は重い。園がかかわる問題は，子どものことだけではなく，保護者も含めて，ますます多岐にわたり複雑化しているといえるのではないだろうか。

気になる子どもの背景にも目を向け，ここでは３つの事例から子ども理解や保育者の対応を考えてみる。

１つ目は，子どもの発達途上においてよく見られるものである。その子どもの自己発揮や自己表現のしかたを保育者自身が理解できず「気になる子」としてとらえたものである。

２つ目は，保育者自身の指導に原因があると思われるものである。この場合，子どもは遊びの満足感や充実感が得られないために不満が多く，ふとしたことで反抗的になったり勝手な行動をとったりする。保育者に信頼を寄せず，次第に自己主張の強い子どもにしたがう傾向がみられる。保育者にとっては，中心的存在の子どもも，その子どもにしたがう子どもも「気になる子」となる。

3つ目は，園生活のなかで，次第に保育者が気になりだした子どもについてとりあげてみる。とくに，乳幼児期の子どもは一人ひとりの個人差が大きく，障害の有無にかかわらず似たような行動をとるので「障害」と「未熟」の見きわめの難しさがある。

(1) 環境や人への興味・関心の広がり

入園当初，子どもは保育者をよりどころとし，緊張しながらも園生活に慣れようとしている。ところが，園生活に慣れてくると，保育者の言うことを聞かずに自分本位に動きだす子どももいる。このような姿をどのように受け止め対応したらよいのか考えてみよう。

集団から外れるようになったナオキ

4歳児（2年保育） 6月

●園生活に慣れてきた頃のナオキの姿の概要

ナオキは園生活に慣れるのも早く，保育者の言うことをよく聞き，自分から好きな遊びを見つけてよく遊んでいた。生活習慣も身についており，片づけも率先して行っていた。

ところが，園生活に慣れてきた6月頃から，片づけの時間になると保育室内の玩具で遊びはじめ，声をかけても「まだこれで遊んでない」と言い，保育者の言うことを聞かなくなる。「トイレに行ってから集まりましょう」と声をかけても「出たくない」などと，今までのナオキとは違うことに保育者は戸惑う日々であった。

●登園後のナオキを追ってみると

マナブは登園するとすぐに，ナオキの動きをまねて外の靴に履き替え，ナオキのあとに続き園庭に出ていく。

ナオキがどのように遊んでいるのか観察してみると，まず砂場に行き，手で砂をすくいあげサラサラと落とす。次にウサギ小屋に行き，キャベツやニンジンなど，置いてある野菜を網目から入れはじめ，すべて入れている。急に走りだしたかと思うと今度は滑り台に行き，階段を駆けあがり一度滑る。そして後ろを振り向き，マナブが自分と同じように滑り台を滑り降りてくるのを確かめるように立ち止まって待っている。

ナオキは滑り台の支柱を片手で握り，くるくる回りはじめた。マナブは滑り台の横にある登り棒の支柱を見つけ，ナオキと同じように回りはじめる。ナオキは「わーっ，目が回る」と言いながら地面に倒れこむ。マナブも同様にナオキの横に倒れこむ。２人で顔を見合わせて笑う。

このような状況をどう読み取るか

入園する前，多くの子どもたちは，母親から「幼稚園に行ったら，靴を履き替えたり，トイレに行ったり一人でするのよ」「先生の話をよく聞きなさい」などと言われてきている。はじめての園生活に戸惑いながらも，多くの子どもは，保育者の言うことを必死で聞きながら園生活に慣れていくのである。ちょうど6月頃になると，幼稚園のさまざまな場所に興味をもったり，自分と同じような遊びをする友だちへ関心を示したりするようになる。

ナオキは，保育室だけでなく，園庭の砂場，ウサギ小屋，固定遊具などがあることに興味をもち探索行動をしはじめた。園生活に慣れてきたからこそ，ありのままの自分を表現できるようになってきたのである。ナオキは自分と同じように行動するマナブの存在に気づき，楽しさを感じている。マナブもまた，自分とは異なるナオキの行動をまねることで，自分一人では味わえない楽しさを共感している。

保育者は，自分から行動できるようになってきた子どものすることに心を寄せながら，クラスの活動の楽しさも伝えていくことが大切である。ナオキの集団から逸脱する行為は，園生活に慣れてきたので，自分を発揮できるようになり園内のさまざまな場所へ目が向くようになってきたためである。また，保育者が，自分の行為をどう見ているかを試しているのかもしれない。そのとき同じような行動をするマナブがいることが楽しく，少々大胆な行動をとったと思われる。

すなわち気になる行動は，保育者が集団として見るからであり，子ども一人ひとりと保育者との関係という視点で見るなら，気になる子ではないかもしれない。

気の合う友だちができ，逸脱行為をする子どもに対して，保育者は「先生は見ているよ，知っているよ」と温かくその行為を受け止め，待っているというメッセージを送り続け「こころ」をつなぐことが大切である。

（2）保育者の指導のあり方とは

保育者は，子どもの思いに寄り添い子どもの要求に応えようとしても，そのきっかけがつかめず悩むこともある。保育者自身が保育に悩みをかかえているときに，子どももまた，遊びや生活に充実感がもてず反抗的な言動をとることもある。このようなとき，どのようにしたらよいのか考えてみよう。

ヨウくんの言う通りがいい

5歳児（3年保育） 6月

●ヨウヘイについて

自分の思いや考えを主張することができる。創造力が豊かで，中心となって遊びを進めるが，保育者の言うことは聞かない。ほかの子どもたちも，保育者よりヨウヘイの言うことを聞く雰囲気ができている。

●絵本の読み聞かせの場面で

子どもたちは集まっているが，落ち着かない様子なので気持ちを集中させようと保育者が手遊びをはじめた。すると，突然「そんなの赤ちゃんぽい。みんなやめろ」とヨウヘイが言う。ヨウヘイといつも一緒に遊ぶカズヒロ，フミヤらもヨウヘイの言葉を聞くと手遊びをやめ「赤ちゃんぽい」と言う。

手遊びが終わり絵本を開くと，いきなり「動物はしゃべらないよ。へんなの」とヨウヘイが反応する。保育者は「お話だから」と言うと，「そんなのつまんない」「その話知ってる」「読んだことある」などと騒然となる。ヨウヘイの影響を受けて，同じような態度をとる子どもが多く，クラス全体の雰囲気が落ち着かない。そのような発言をする子どもに保育者が真剣に対応すればするほど，クラスの雰囲気が暗くなり，子どもの集中力は途切れてしまう。

●お弁当を食べる場所を巡って

この幼稚園では，火曜日と木曜日は，お弁当を持参することになっている。保育者は，園庭から保育室，ホールと回り，遊びの塊ごとに片づけて保育室に集まる時間を伝えていった。

ホールでは，ヨウヘイを中心に6～7人の子どもが，大型積み木で基地を構成していた。保育者が「ここは基地なの？」とたずねるとヨウヘイが「先生には関係ねえよ」と言う。「そろそろ片づけよう。今日はお部屋でお弁当」と言うと，ヨウヘイは「俺たちここで食べる」と言う。カズヒロも「ここで食べよう，な」と言う。保育者は「今日はみんなにお話しすることがあるから，みんな，お部屋でお弁当を食べるよ」と伝える。ヨウヘイは「えーっ，ホールがいい。お部屋なんか行かないよ。つまんない」となおも主張する。カズヒロ，フミヤ，タカユキらも「ホールがいい」と主張する。結局，ここの仲間6人は保育者の言うことを聞かず，勝手にホールでお弁当を食べる準備を始めた。

保育者を探してホールに来たヒロミは「ホールで食べてもいいの，じゃ私も」と言い，ホールにあったござを敷き，友だち2人を誘って一緒に準備を始めた。そして「ヨウくん，こっちで食べるほうが楽しいよね」と言う。

●保育者（担任）の悩み

保育者は，ヨウヘイの発想のよさを認めているが，最近のヨウヘイの態度が気になる。仲間の子どもたちは遊びを楽しんでいるのであろうか。ヨウヘイの反抗する態度や投げやりな言葉は，一過性のものなのであろうか。ヨウヘイのグループだけでなく，ほかの子どもたちも保育者の言うことを聞かなくなってきている。年長児なのに片づけにも時間がかかるし，集まっても話を聞こうとする態度になっていない。ヨウヘイに振りまわされている。具体的な手立てもないまま日々過ぎていく虚しさを感じ，保育が苦痛になってしまった。

このような状況をどう読み取るか

保育者が，子ども一人ひとりをどのように理解し，どのようなクラス経営をしようと考えているか明確にしないと，子どもの言動が何となく気になりながらも具体的な指導の手立てがないまま子どもに流されてしまうことがある。まさに保育者の資質と指導力が問われているのである。

保育者の指導性が強すぎると，子どもは受け身になったり，保育者の見ているところでは期待に沿うよう「よい子」を演じたりするようになる。また，保育者がリーダー性や子どものあこがれの対象となる魅力をもっていない場合は，保育者に代わる自己主張ができる子どもの言う通りに遊びや生活を展開しようとする状況が生まれやすい。5歳にもなると，知的好奇心や目的達成の充実感が充足されないときには，保育者への不信感から荒れた行動をとるようになることもある。不満の対象が特定の子どもへと向けられ，いじめが芽生える原因をつくることにもなりかねない。

子どもは，保育者との信頼関係をもとにさまざまな体験を通して，依存しつつ自立していくのである。その信頼感は，子どもが「先生はすごいな」「頼りになる」「気持ちをわかってくれる」「注意されたけれど先生が言ったことは大切なことだ」などと感じることにより，確かなものとなり深まっていくものである。

保育者は，子どもの思いを尊重しながら考えを受け入れることも必要であるが，集団生活の決まりやその意味を子どもが理解していけるように保育者自身の意図をしっかり子どもに伝えていくことも必要である。

子どものけんかやトラブルが人とのかかわりを学ぶチャンスであるように，保育者もまた，壁に突き当たったとき，子どもの実態を謙虚に受け止め，子どもの言動の背景と自分の保育を重ね合わせ，省察し学びなおすことが必要である。保育者が保育で悩んだときには，園内に相談できる雰囲気や，園全体で子どもの育ちを支えていこうという雰囲気があることが望ましい。一人の悩みとして抱え込まず，ほかの保育者に相談したり，保育カンファレンスやチーム保育を行ったりするなど保育者同士が高め合い学び合うことも必要である。子どもへの愛と保育への情熱があれば必ず援助の方向が見えてくる。

（3）気になる子の原因が障害の疑いがある場合

幼児期の子どもの個人差は大きい。そのうえ，入園当初は，新しい環境に対する不安や緊張感から，子どもはさまざまな表現をするため，障害の有無はいっそうわかりにくい。

ここでは，保育者が「気になる子」と感じた子どもの実態をどのように保護者と共有して保育を考えたらよいのか考えてみよう。

遊びの邪魔や突発的な行動をするユウスケ

4歳児（2年保育）

●入園当初：よくある姿だわ

入園当初，子どもたちが園生活に慣れるまでは，家に帰りたいと泣いたり，自分の思いを言葉で表現できなかったり，家ではできるのに不安から自分のことを自分でしようとしなかったり，落ち着きなく動きまわったりするなど，さまざまな姿が見られる。ユウスケは，ときどき片づけた玩具の入ったかごをひっくり返したり，みんなが集まったときに，保育室内を歩きまわったり外に出て行ったりすることがあった。

●落ち着き始めたころ・連休明け：何か，ちょっとちがう？

多くの子どもが園生活に慣れ，自分の遊びに取り組めるようになると，保育者は，ユウスケの行動が気になりだした。「この子が壊した」「この子が叩いた」「僕が使っていたのに取った」など，ユウスケが原因のトラブルが起こるようになった。保育者は，そのつどユウスケとほかの子どもの思いを受け止め対応しようと試みた。そのときに保育者は，ユウスケはあまり言葉を発しないこと，人と視線が合いにくいことに気づいた。手を握って向き合って話をしようとすると，思い切り手を払いのけて逃げ出してしまう。

●ユウスケの家庭での様子と母親の思い：家庭での様子を聞いてみよう

ユウスケの家庭での様子を聞きたいと担任が申し出ると，母親のほうも「先生に相談しようと思い悩んでいました」と応じた。

母親が語った内容は，次のとおりである。

衣服の着脱，食事，排泄については，とくに困っていることはない。

人の言うことを理解しているのかどうかわからない。言葉を発するが少ない。親のいうことは聞かないし，繰り返し言って聞かせようとすると，机のうえのものを手で振り払って落としたり，物を倒したり，投げたり，ときには母親を叩いたりする。ゲームや食事中は静かになることもあるが，いつ動き出すか予測できない。突然暴れ出す。どのように接したらよいのかわからず，毎日格闘のようで疲れてしまう。

入園後は，子どもが園に行っている間，ユウスケと離れている時間をもつことで精神的に楽になった。しかし，友だちのことをたたいたり乱暴なことしたりしているという話が耳に入ってきて「ああ，やっぱり……」と，どうしたらよいのか，毎日不安で困っていた。

3歳児健診のときに「発達障害の疑いがあるかもしれない」と言われた。「主人は，男の子は少し乱暴でも，そのうち聞き分けられるようになる」と取り合ってくれない。私の子育てが間違っていたのかと不安な毎日を過ごしている。

ユウスケの母親は，園での子どもの姿を気にかけていたし，家庭での様子から「障害がある」ことを現実のこととして受け止め始め，一人で不安を感じ悩んでいたのであろう。ちょうどそのようなときに，保育者から家庭での様子を聞かれ，自ら保育者に3歳児健診でのことを告げたと思われる。

●その後のユウスケの母親に対する保育者の対応：関係諸機関との連携を勧める

担当保育者から報告のあったユウスケの実態，面談での母親からの話を園で受け止めて，今後の対応を考えた。

母親には，地域の専門機関を紹介し，ユウスケの発達面や行動の実態をわかってもらい，その対応などについて相談するよう勧めた。そして，母親の思いや専門機関での助言を園の職員間で共有し，保育を考えることにした。

園側としては，ユウスケを特別な配慮が必要な子どもと判断し，補助の保育者をつけることにした。あわせて専門機関が派遣する巡回相談を受けることにし，園におけるユウスケを観察することで，「ユウスケ（対象児）理解」「保護者の気持ちの理解」「保育の方針」「保育者間の協力」をあげて取り組むこととした。

母親は，保育者や専門機関での相談を通して，一人で抱えていたユウスケへの不安と疲労感が薄らいでいった。ユウスケも一進一退ではあるが，突発的な行動は減ってきている。しばらくすると園生活の習慣やリズムがわかってきたのか，落ち着いて行動するようになってきた。

幼稚園や保育所，認定こども園は，障害（発達障害）を早期発見する場としての役割もある。保護者が，子どもの発達の様子に気づかないことや発達の様子が把握されていても専門機関への相談を悩んでしまい，対応が遅くなることもある。そうならないように園での子どもの様子を保護者に伝えたり，保護者から家庭での子どもの様子を聞いたりしながら対応する必要がある。

保護者が，わが子の障害を受容する段階にいたるまでの心理状態を考え，慎重に対応することが大切である。

障害のある子どもなどの理解・園内での連携

2017（平成29）年の幼稚園教育要領の改訂では，従来の「障害のある幼児」から「障害のある幼児など」に表記が変更された。このことは，従来の障害のある子どもに加えて，LD，ADHD，自閉症に代表される発達障害，発達障害の可能性のある子どもも含むということである。

障害のある子どもの保育には，入所あるいは通所型の児童福祉施設，特別支援学校の幼稚部など，障害のある子どものみを専門的に保育するものと，保育所や幼稚園，認定こども園などで一緒に保育するものがある。

障害のある子どもを保育するには，保育者間の連携や意志疎通が大切である。保育者によって障害のある子どもへの接し方が異なれば，当然子どもは混乱する。その子どもに，どのような支援・指導をしたらよいかを全保育者で理解し，その方針に基づいて対応をすることが求められる。そのためにも，保育者間で，子どもの実態把握や状況報告を行い共通理解しておくことが大切である。多くの目で見て適宜対応することで，子どもへの支援・指導が手厚くなる。

障害などのある子どもの担任や補助の保育者は，子ども理解や保育がうまくいかないこともある。保育者が一人で問題や悩みを抱えないよう保育カンファレンスを通して，障害のある子どもの理解を深め，保育をしたりチーム保育を取り入れたりすることも大切である。このことは，保護者との関係を円滑にし，信頼関係を築くうえにも大切である。また，保育者間で，保育者の悩みを共有し，ともに考えることのできる温かな雰囲気があることが望まれる。

保育者同士はもちろんのこと，園長や副園長（教頭）などが保育者の思いを受け止めサポートする体制も必要である。

個別の指導計画の作成

障害のある子どもには，個別の指導計画を作成する。作成にあたって考慮すべきことは，次の通りである。

①個別の指導計画は，幼児の障害に十分留意し，指導の成果をあげるために作成するものであるが，一方で，幼稚園生活全体を考慮した内容にするとよい。

②実態を把握する際は，成育歴，社会環境など，多面的な視点からの把握を行うことが大切である。そのため保護者からの情報，就園時における医療関係者の診断および福祉センターなどの意見，専門家による幼稚園生活の見学を踏まえた意見，当該幼児の利用する専門機関の意見，幼稚園での姿などを参考にするのが望ましい。

③個別の指導計画は，保護者の理解と協力の上に立って作成されることが望ましい。そのため保護者の理解をはかることが必要になる。日ごろから信頼関係を築いていくことが大切である。

④記録の活用，保管などについては，人権の観点からとくに留意する必要がある。

●図表7　個別の指導計画の作成例

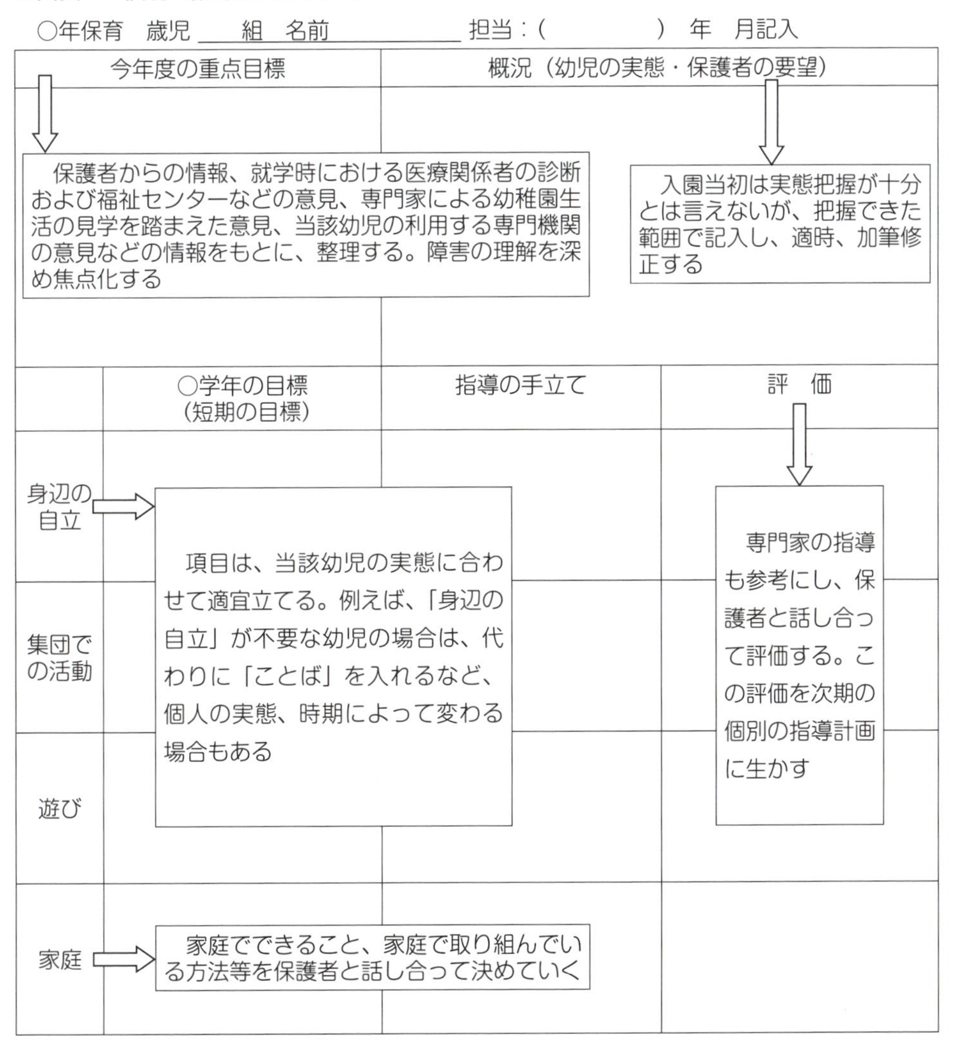

●図表8　個別の週案（形式および各項目の記載の仕方と内容）

○年度　○期○週　　○歳児　○組　○児　　担当（　　　　）

○月○日　～　○月○日	園長		教頭		担任	

＜前週の幼児の実態＞ A 自立 B 集団活動・集団行動 C 言語・表現 ＜指導の反省＞	＜園長所見＞ ＜教頭所見＞ ＜週のねらい＞
＜内容＞	＜環境のポイント・援助＞

	○日（月）	○日（火）	○日（水）	○日（木）	○日（金）
週の流れ					
歌手遊び		体操など		絵本など	

＜保護者との連携＞

この例ではA～Cとしているが，幼児の実態に応じて項目を立てている
学級の週日案で押さえたねらい・内容を踏まえ，当該幼児の実態に合わせて，記載する
当該幼児の実態に合わせ，特に障害に応じた適切な援助ができるよう，配慮する点を記載する
学級の週案と同じである。実際の流れを追記していくと，次年度に役立つ
毎週作成することで，幼児の小さな変化を見逃すことなく指導できる。また，指導の工夫を意識的に行うのに効果的である。
保護者と話し合ったことのほか，今後に向けての協議事項などを具体的に示しておくとよい

（図表7，8は平成14年度（第3年次）文部科学省研究開発学校・文京区教育研究協力園　研究集録第二部「多様な個性に対応する教育課程の編成と実施」（東京都文京区立柳町幼稚園）より引用）

関係諸機関との連携

障害のある子どもへの理解を深め，保育を充実させるために，心理カウンセラーや障害についての専門家（医者，言語聴覚士，理学療法士，臨床心理士など），福祉，教育などの子どもと保護者が利用している地域の関係諸機関と連携を図り，専門的な知識を学ぶことも大切である。他職種の専門家と園とが，これまでの子どもの受け入れ方と方法を振り返り情報交換を行ったり，保育の現場や子どもの姿を見てもらいながら，具体的なアドバイスや指導を受けたりして，互いに協働していくことが求められる。

●図表９　支援体制の例

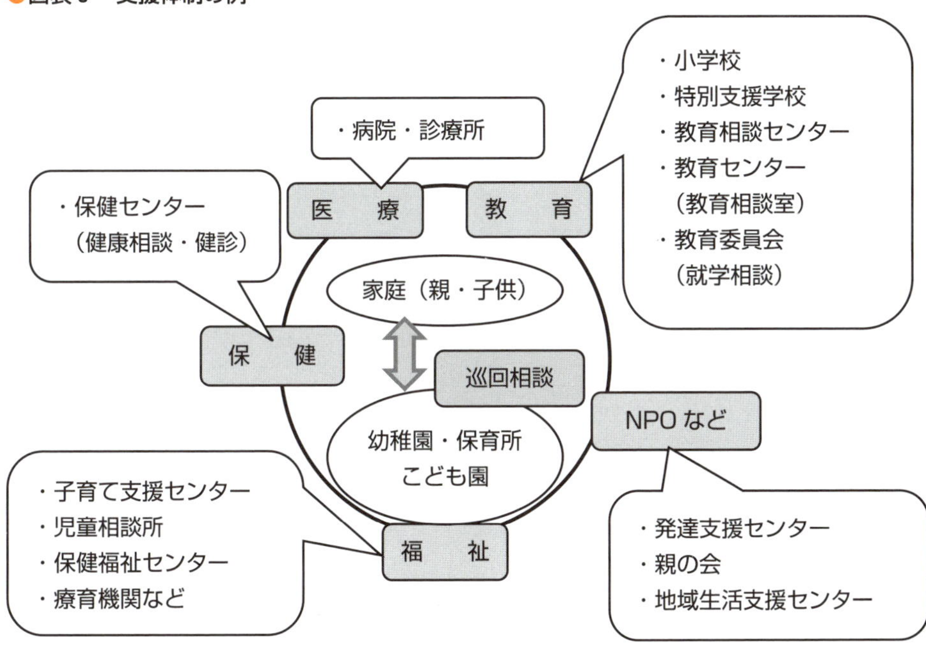

〈巡回相談〉

障害児保育支援事業の１つである。行政区単位により「保育巡回指導」「巡回保育相談」などの名称で実施されている。巡回相談員は，臨床発達心理士，臨床心理士，言語聴覚士，大学などで臨床心理学や発達心理学，障害児教育などを担当する教員などである。

幼稚園教育要領の第１章総則，第５の１障害のある幼児などへの指導では，次のように述べられている。

障害のある幼児などの指導にあたっては，集団の中で生活することを通して全体的な発達を促がしていくことに配慮し，適切な環境の下で，障害のある園児が他の園児との生活を通して成長できるよう，特別支援学校などの助言又は援助を活用しつつ，個々の幼児の障害の状態などに応じた指導内容や指導方法の工夫を組織的かつ計画的に行うものとする。

また，家庭，地域及び医療や福祉，保険等の業務を行う関係機関と連携を図り，長期的な視点で幼児への教育的支援を行うために，個別の教育支援計画を作成し活用に努めるとともに，個々の幼児の実態を的確に把握し，個別の指導計画を作成し活用することに努めるものとする。

障害のある子どもなどには，視覚障害，聴覚障害，知的障害，肢体不自由，病弱・身体虚弱，言語障害，情緒障害，自閉症，ADHD（注意欠陥多動性障害）などのほか，行動面において困難のある子どもで発達障害の可能性のある者も含まれている。このような障害の種類や程度を的確に把握したうえで，障害のある子どもなどの「困難さ」に対する「指導上の工夫の意図」を理解し，個々に応じたさまざまな「手立て」を検討し，指導にあたっていく必要がある。

引用文献

1）文部科学省『幼稚園教育要領解説』フレーベル館，2018，p.268

2）同上（p.268を基に作成）

3）厚生労働省『保育所保育指針解説』フレーベル館，2018，p.16

4）同上

5）内閣府・文部科学省・厚生労働省『幼保連携型認定こども園教育・保育要領』フレーベル館，2017

参考文献

・日本保育学会保育臨床相談システム検討委員会編『地域における保育臨床相談のあり方―協働的な保育支援をめざして』ミネルヴァ書房，2011

・ベネッセ教育総合研究所『第２回妊娠出産子育て基本調査（横断調査）報告書』，2011

・小田豊・秋田喜代美編『子どもの理解と保育・教育相談』みらい，2008

・無藤隆・福丸由佳編著『臨床心理学』北大路書房，2005

・佐々木正美『完 子どもへのまなざし』福音館書店，2011

索　引

さ行

ま行

や行

ら行

わ行

欧文・略称

編著者紹介

塚本美知子（つかもと・みちこ）――――― ★第１章，第５章１節（3），２節，第７章１，２，３節

［現　職］聖徳大学短期大学部名誉教授

［経　歴］聖徳大学大学院児童学研究科修了（児童学修士）。東京都公立幼稚園園長を経て，現職。

［専　攻］幼児教育学，保育学

［著　書］『対話的・深い学びの保育内容 人間関係』，『わたしたちの社会貢献の学びと実践』（萌文書林，編著），『子どもの教育の原理―保育の明日をひらくために』『教職入門―未来の教師に向けて』（萌文書林，共著），『人間関係』（一藝社，編著），『保育者論』（一藝社，共著），『こどもを見る目が広がる　保育事例集』（東洋館出版社，編著），『保育内容・言葉―乳幼児のことばを育む』（教育出版，共著），『保育方法』（光生館，共著），『幼児の遊びと学び―実践から読み取る知的発達の道筋』（チャイルド社，共著）

著者紹介

近内愛子（ちかうち・あいこ）――――― ★第２章，第５章１節（1），（2）

［現　職］聖徳大学幼児教育専門学校兼任講師／元聖徳大学短期大学部教授

［経　歴］聖徳大学大学院児童学研究科修了（児童学修士）。東京都公立幼稚園教頭を経て，現職。

［専　攻］幼児教育学，保育学

［著　書］『保育内容 人間関係―子どもの人との関わりと保育実践を学ぶ』（萌文書林，共編著），『対話的・深い学びの保育内容 人間関係』，『わたしたちの社会貢献の学びと実践』，『子どもの教育の原理―保育の明日をひらくために』（萌文書林，共著），『人間関係』（一藝社，共著），『保育方法』『保育方法論』（光生館，共著），『幼児の遊びと学び―実践から読み取る知的発達の道筋』（チャイルド社，共著），『保育内容「環境」』（北大路書房，共著），『保育実践事例集』『幼稚園・保育所の運営トラブル解決事例集』（第一法規出版，執筆）

永井妙子（ながい・たえこ）――――― ★第３章，第７章４，５節

［現　職］元聖徳大学短期大学部教授

［経　歴］東京家政大学家政学部児童学科卒業。東京都公立幼稚園教頭を経て，現職。

［専　攻］幼児教育学，保育学

［著　書］『対話的・深い学びの保育内容 人間関係』，『わたしたちの社会貢献の学びと実践』（萌文書林，共著），『人間関係』（一藝社，共著），『幼児の遊びと学び―実践から読み取る知的発達の道筋』（チャイルド社，共著），『保育実践事例集』（第一法規出版，執筆）

東川則子（ひがしがわ・のりこ）――――― ★第４章，第６章

［現　職］聖徳大学短期大学部教授

［経　歴］聖徳大学大学院児童学研究科修了（児童学修士）。東京都公立幼稚園園長（幼保一元化施設長を兼務）を経て，現職。また，子ども家庭支援センター相談員なども務める。

［専　攻］幼児教育学，保育学

［著　書］『保育者のための言語表現の技術』，『わたしたちの社会貢献の学びと実践』（萌文書林，共著），『学びと発達の連続性―幼小接続の課題と展望』（チャイルド社，共著），『コンパス保育内容 言葉』（建帛社，共著），『保育内容「環境」』（みらい，共著）

〈装　　丁〉 aica
〈イラスト〉 鳥取秀子
〈DTP制作〉 坂本芳子，大関明美

改訂 子ども理解と保育実践——子どもを知る・自分を知る

2013年５月11日　初版第１刷発行
2018年４月15日　初版第３刷発行
2018年10月11日　改訂版第１刷発行
2024年４月１日　改訂版第５刷発行

編著者　塚本 美知子
発行者　服部 直人
発行所　㈱萌文書林
〒113-0021　東京都文京区本駒込 6-15-11
TEL 03-3943-0576　FAX 03-3943-0567
https://www.houbun.com
info@houbun.com

印刷・製本　モリモト印刷株式会社

ISBN978-4-89347-306-6 C3037
日本音楽著作権協会（出）許諾第1810029-204号